明日も
私たちのお弁当

クウネルお弁当隊

はじめに

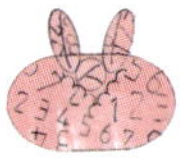

いつのまにやら、お弁当はすっかり人気者になっていました。
本屋さんの棚を見れば、趣向を凝らしたお弁当本がずらりと並んでいます。
２０００年代初め、『クウネル』が誕生したばかりの頃は
子どもを持つお母さんは別として
お弁当を作っている人はいまほど多くはなかったように感じます。
それから10数年のこの変化は、食と生活に対する意識の変化と連動しています。
いま、ここが、自分の近くにあるものが貴いということ。
日々の一歩一歩がいつしか人生と呼ばれるものになり
毎日食べるものが自分を作るということに、大勢の人が気づいたのでしょう。

お弁当を作るというのは、ひとつの選択で
それは自分や家族を大切にするという選択でもあると思います。
経済的な理由からはじめたお弁当作りがいつしか楽しみになって——
とはたくさんの人が口にする言葉ですが
毎日の食事作りとお弁当作りの歯車がうまく噛み合いはじめると
生活に一本筋が通り、それが自分を支える自信にもつながるのです。

昨日、今日、明日。
ばらばらで、ざわざわで、しょぼしょぼかもしれない毎日だけど
食べるという支柱が揺るぎなければ、それほど強いことはありません。
誰かが誰かを——自分が自分を——思いやって作ったお弁当が
外で食べる最上の食事であることは言わずもがな。
お弁当を作ることは、明日の自分や、明日の家族のために
ささやかながらも確かなしあわせを用意することでもあるのです。

「エブリデイ・マイ弁当」と題し（その後に「もっと知りたい　私たちのお弁当」と改題）

『クウネル』創刊号から続く連載から生まれた本も、これで3冊目となりました。

ここに登場するのは、２００９年春以降の本誌でご紹介した方々をはじめとした60人。

あらためて最近のお弁当生活を報告してもらった人もいますが
多くの方は、名前、年齢、職業ともに、お会いした当時のままを掲載しています。

その後に姓が変わった人、語っていた夢をかなえて転職された人もいるでしょう。

あいだには震災がありました。

そこを折り返し点として、食への思いを新たにされた人も少なくはないと思います。


どうか明日が、よき日でありますように。

よき日に、しましょう。

レシピの材料は、とくに記述のない場合は、まとめて作りやすい分量になっています。
計量の単位は1カップ＝２００㎖、大さじ1＝15㎖、小さじ1＝5㎖ですが
通常はカンや目分量で作っているところを、あえて出してもらった数字もあるので
あくまで目安と考えて、味見をよくして、あなたの好きな味に加減してください。
あなたのおいしいが正解です。

01 一週間のお弁当

子どもの頃から台所にあった木べらは、母親の嫁入り道具。使い勝手がよくて手放せない。

麹が支える滋味深きジミベン。

羽部律子（35歳・設計事務所勤務）

お弁当を作りはじめて13年になります。料理も好きだし節約にもなるし。いまの勤め先は家から車で15分ですが、その間に店が一軒もなく、作らざるをえないともいえます。

家のまわりは田んぼや畑ばかり。直売所も多いから新鮮な野菜には事欠かないし、手作りの無添加食品が手に入る道の駅もあって、食材にはとても恵まれた場所。外食より、お弁当のほうが確実に新鮮でおいしいものが食べられるというのもありますね。

買い物は母にまかせ、私は早く帰宅した夜や日曜日にまとめ作りや下ごしらえをちょこちょこして、その貯金を1週間かけて使っています。とはいえ9時半出社なので、朝はけっこうのんびり。犬の散歩に行って、戻ってからごはんを炊き、焼いたり炒めたりの準備をはじめます。

ここ数年で塩麹や酒粕など発酵食材の素晴らしさにめざめて、毎日何かしらに使っているかもしれません。塩麹は塩分ひかえめのレシピで作っていて、塩の量が通常の4分の1程度。これくらいのほうが塩辛くないし、麹の甘さや香りも生きる気がします。この塩麹を卵焼きに入れると、ほんのり甘く感じることすらあるんです。

酒粕は、季節になったら近所の酒造所で買って、使いきれないぶんは冷凍しています。これと味噌を合わせた粕味噌に漬けた肉や魚もお弁当の定番。こういうものって実験みたいで楽しいんですよね。発酵の具合、配合や漬け時間で味ががらりと変わるから。

お昼の時間は、実験の結果確認みたいなところもあって、自分で作ったものながら食べるのが楽しみなんです。

熱殺菌されたミネラルウォーターではなく水道水を使うレシピを採用。ほうろう容器で保存。

はぶ・りつこ／茨城県在住。「ジミベン」の名づけ親は事務所の所長で、勤め先のHPでは「今日のジミベン。」と題したお弁当日記を更新中。左の塩麹レシピは、発酵食文化を伝承する料理人、伏木暢顕さんが提唱したもの。

塩分ひかえめの塩麹

材料

生麹……200g

自然塩……14～16g

水道水……400～450mℓ

作り方

1　麹をほぐしながら大きめのボウルに入れる。塩をていねいに混ぜ込み、水を加えてさらに混ぜる。

2　ラップをかけて常温におく。1日1回混ぜながら、夏なら3～5日、冬なら1週間ほど。指で押してつぶれるぐらいになればよい。

3　ボウルを水から湯煎にかける。絶えず混ぜながらとろみがつくまで約15分、麹が80℃以上にならないように注意。余熱で火が入るので、少し水っぽいぐらいでOK。

4　粗熱をとって金属以外の容器に移し、落としラップをして、ふたは閉めずに軽くのせて冷蔵庫で保存する。日もちは約1～2か月。

焼き塩鮭
がんも煮
なすの田舎煮
塩麹入り卵焼き
ゆでいんげん
ごま味噌
黒米入りごはん

月曜日
monday

味噌、すりごま、塩麹を合わせたごま味噌が野菜のディップがわり。

お弁当箱は横にして食べる派。その日のおかずの量や種類によってスロープをつけてごはんを敷き詰め、すきまができないようにおかずをのせていく。がんも好きは土地柄。母の十八番だったがんも煮を最近は自分で煮ているけれど、まだまだ同じ味にはならず修業中。

母の味

がんも煮

材料

がんも……1個（約120g）
酒、砂糖、みりん、醤油
……各小さじ2
だし醤油……小さじ½
塩……小さじ⅓
水……100mℓ

作り方

1　小さめの鍋に調味料と水を入れて火にかける。
2　煮立ったらがんもを入れ、弱火～中火で煮る。途中で、がんもを返したり、煮汁をスプーンですくって上からかけるなどして、煮汁が全体に行き渡るようにする。
3　10～15分煮て、煮汁が少し煮詰まってきたら火を止める。
4　そのまま冷まして味をしみ込ませる。

がんもいろいろ

地元がんものバリエーション。ごぼうがんもにねぎがんも、毎回あれこれ試している。

火曜日
tuesday

さつまいもの炊き込みごはん
万願寺唐辛子としめじの塩炒め
ごぼうと人参の煮物（ごま）
ひじき煮
（人参、大豆、油あげ、えのき茸）

ナッツとレーズンの
ビスコッティ

さつまいもは地元の紅あずま。大きめの乱切りにして、酒と塩少々でごはんに炊き込む。甘味があるので、万願寺やごぼうのしょっぱいおかずと。最近は同じ献立で母親のお弁当も作っていて、できあがるたびに「豪華版だね！」と喜んでくれるのがうれしい。今日はさつまいもごはんに黒ごまをかけ忘れた！

おいしい発見

ごはんは『ストウブ』の16cmの鍋で炊いている。1.5合に対して水270mlを注いで強火、沸騰したら火を弱めて12～13分、火を止め蒸らしたらできあがり。もっちりと炊けて本当においしい。

気に入った道具があるだけで朝がウキウキ。

水曜日
wednesday

ソーセージと根菜のスープ
(蓮根、人参、ごぼう、じゃがいも、セロリの葉)

スライスチーズ

カンパーニュ

サラダ
(ポーチドエッグ、こしょう、玉ねぎの甘酢漬け、きゅうり、ポテトサラダ、マスタード)

そろそろパンが食べたくなったので、ゆうべ作ったソーセージと根菜の蒸し煮に水とコンソメを足してスープ弁当に。サラダには、ゆで卵より早くできるポーチドエッグを入れてみた。マスタード好きなので、マスタードをきかせたポテトサラダにさらにおまけを。

マスタードをきかせた
ポテトサラダ

材料
じゃがいも……2〜3個
きゅうり……⅓本
人参……¼本
マヨネーズ……大さじ1
マスタード
……大さじ1〜1½
菜種油……小さじ1
塩、こしょう……各適量

作り方
1　じゃがいもを4〜6等分し、水からゆでる。
2　きゅうりと人参をいちょう切りにする。きゅうりは塩でもみ、出てきた水分を絞る。人参は硬めにゆでる。
3　じゃがいもに火が通ったらお湯を捨て、粉ふきいもを作る要領で鍋を揺すって水分を飛ばす。
4　熱いうちに3をつぶし、塩、こしょうをして冷ます。
5　粗熱がとれたら、マヨネーズ、マスタード、菜種油、きゅうり、人参を入れて混ぜる。味をみて、塩、こしょうでととのえる。
＊刻んだゆで卵やオニオンスライスを入れることもあります。マヨネーズがヨーグルトになることも。

木曜日
thursday

粕味噌漬けにしていた豚肉とねぎを焼き、あとは作りおきのおかず。ごはんが見えなくなるほどのせたら、おかず味のしみたごはんも楽しみに。彩りによく入れる水菜は毎年おじさんから届く野菜。ねぎも母の菜園から。毎晩２人でお弁当の感想を言い合うのも楽しい。

- 豚肉の粕味噌漬け
- ねぎの粕味噌炒め
- 水菜
- きゅうりの三五八漬け
- ポテトサラダ
- 切り干し大根の煮物
（人参、油あげ、干し椎茸、しめじ）
- すりごま
- ごはん

焼く前に肉から落とした粕味噌＋醤油少々でねぎを焼けば、ひとつのフライパンでたちまちもう１品。

右は酒粕、中は自家製味噌。合わせた粕味噌を肉に塗りつけてラップし、チルド室で保存している。

金曜日
friday

麹、味噌、生姜、ねぎを合わせた常備菜のおかず味噌。お弁当のアクセントに時々添える。

三色弁当に見えて、じつは下のごはんのさらに底には肉味噌が敷き詰めてある。食べる前にストーブで温めれば、味がじわじわしみてくるしくみ。肉味噌の味がしっかりしているので炒り卵は塩だけ。大好きなごまは少量ずつを煎って半ずりにし、小瓶に保存してある。

- 大根の葉の炒め煮
- 炒り卵
- がんも煮
- 蓮根のきんぴら
- すりごま
- おかず味噌
- ごはん
- 肉味噌

バナナマフィン

干しえびや干し椎茸でしっかり味をつけた肉味噌は具だくさん。

ただいま保温中

今日はストーブにのせて保温できるよう、ほうろうのお弁当箱に。

02

煮しめは熊本、料理上手な母の味。

坂崎紀子（40歳・ギャラリーカフェ店主）

マンションの自宅の下がお店なので、料理の仕込みをしながら、そこで昼用のお弁当も作っています。ひとり商店なので、手があいた時にささっと食べられるサンドイッチか、おいなりさん。新米がおいしい季節は今日のようなシンプルな塩むすびにして、食べる時の気分でのりを巻いたり、京都『原了郭』のしそ香煎をふったり。香煎は本来白湯に溶かして飲むもので、すごく細かい赤じその粉です。

おいなりさんに定番の煮しめにと、よく使う薄あげは近所のお豆腐屋さんで買いますが、ここのがかなりの横長サイズ。両端をおいなりの袋にしても真ん中5cmが余るので、そこを煮しめの具にして両方をまとめて炊いておきます。味をしみ込ませるために、おあげの油ぬきはしっかり。私はボウルに熱湯をため、ざぶ

干したけのこは銀座の熊本館で買って常備。まず干し椎茸と炊いておいて（右）、刻んで卵とじにしたり、味噌汁の具にしたりと活用したあと、残りに人参と薄あげを足して煮しめを作ることもある。

さかざき・のりこ／東京・小石川植物園そばの『橙灯』（だいだい）店主。ジャムとお菓子の製造卸しもしている。主宰するスケッチ会の時は参加者20人ぶんのお弁当も作る。大阪出身。

干したけのこの煮しめ

材料

干したけのこ……大２枚（約50g）
干し椎茸（どんこ）……大５～６個
油あげ……大１枚
人参……１本

A
- 干し椎茸の戻し汁……１カップ
- 干したけのこの戻し汁……適量
- 薄口醤油……大さじ4
- みりん……大さじ２
- 水……½カップ

作り方

1　干したけのこは、ひと晩水に漬けて戻す。戻し汁は、ほんの少しとっておく。干し椎茸もひたひたの水で戻し、戻し汁をとっておく。

2　１のたけのこを５cmの短冊に切り、圧力鍋で20分加圧してゆで、圧力が抜けるまで放置する。圧力鍋がなければ、柔らかくなるまでふつうにゆでる。

3　油あげと人参も短冊切り、椎茸は食べやすい大きさに切る。

4　鍋にAを合わせて火にかけ、２と３を入れて落としぶたをして弱火で20～30分炊く。

＊１日おくと味がしみてさらにおいしい。

私の常備品

おいなりさんのおあげの味つけは、３枚６個ぶんで水ひたひたに薄口醤油とみりんが各大さじ２。客用にはだしと砂糖も使うが、自分用にはさらり薄味。

ざぶ洗うようにしています。

　煮しめは母の得意料理で、ひとり暮らしをはじめた時に「ああ、あれが食べたい」と何度も試したのですが、ちっとも同じ味にならない。だしが違ったんですね。干し椎茸の戻し汁が基本で、そこに干したけのこの戻し汁も少々。干したけのこは、母の郷里の熊本の特産品ですが、歯ごたえがあって本当においしい。

　九州には親戚が多くいて、今日の糸巻き大根の寒漬けもそうですが、おいしい荷物がまずは大阪の両親宛に届き、両親がそこに自分たちで作った野菜を足して送ってくれるんです。私が忙しそうな時期は、母はさらにタッパーびっしりの炊き込みのおにぎりや、たっぷりの煮しめを詰めてくれることも。きれいな料理を作る人ですから、開けた途端に涙が出ることもあります。

- 糸巻き大根の寒漬け
- 塩むすび
- 煮しめ（干したけのこ、干し椎茸、人参、油あげ）
- ほうれん草のごま和え

しそ香煎

おかずのり

中国茶

03

柔らか炒り卵は卵4個ぶん。

尾渡智佳（27歳・商事会社勤務）

お弁当は毎日。夕食後に翌日ぶんを作って冷蔵庫に入れておきます。近所に料理上手の叔母が住んでいて、会社帰りに夕食をごちそうになることも多いのですが、家に帰れば明日のお弁当を作って、それから眠る。ちょっと大変でもがんばって作り続けているのは、添加物の入ったものを食べたくないからかな。

とり天は故郷大分の郷土料理で鶏肉の天ぷらのこと。地元にはふつうにあるものだったので、上京して東京にないと知った時は驚きました。ポイントは下味をつけてから冷蔵庫において、味をよくなじませること。味つけは家庭それぞれですが、私のは母のやり方。柚子こしょうにかぼす醤油で食べるのが好きですね。

味噌玉作りは休日の仕事で、具には乾燥わかめ、陳皮、やはり大分の味で「ごまだし」を入れることもあります。魚のすり身とたっぷりのごまが入った万能調味料で、うどんにかけてもおいしいんですよ。ここに鶏ガラスープの粉末を加えるのが私流。お湯を注げばおいしい味噌汁になります。

だんだんごはんには、醤油をつけたのりを2回はさみ、上にのせた炒り卵は卵4個ぶん。これに野菜炒めだけドカッなんて日もあるんですが、そんな時は容器のせいか、女のお弁当じゃないみたいと笑われて。このアルミのお弁当箱は中国で買ったんです。じつは叔母は中国茶専門店を営んでいるんですが、買いつけに同行するうちに中国が大好きになって、いまも中国との貿易の仕事に就いています。7か月ほど滞在したこともありますが、その時も毎日市場で食材を買ってお弁当を作ってました。楽しかったな。

とり天

材料（2人分）

鶏むね肉……1枚

A［酒、醤油、おろし生姜、おろしにんにく……各小さじ1、塩、こしょう……各少々］

衣［卵……1個、小麦粉……1/3カップ、水……60mℓ］

油……適量

作り方

1　鶏肉を一口大のそぎ切りにする。

2　Aの調味料をよくもみ込んで10分以上おき、下味をつける。

3　別のボウルに卵を溶いて水を足し、粉をさっくり混ぜて衣を作る。

4　2の鶏肉に衣をつけて、180℃の油で揚げる。

＊もも肉で作ればよりジューシーに、むね肉ならあっさりほくほくした仕上がりになります。

おわた・ともか／絵やアートを観るのが好きで、中学生の時に初めて出会って衝撃を受けた大竹伸朗のファンクラブ新聞（本人公認）を、いまも発行し続けている。

こんにゃく甘辛煮
糸唐辛子
ピーマン炒め
とり天

炒り卵のっけ
のりだんだんごはん

今日のとり天は、半生
するめ、昆布、青梅を
漬け込んだ特製醤油で。

味噌玉は鶏ガラスープ
の粉末で風味づけ。ま
とめて作って冷凍保存。

お弁当包みは諏訪の『すみれ洋裁店』さんが1日1枚縫うハンカチ。

04

お弁当と15分の昼寝が元気の素。

百瀬陽子（33歳・『ようさん工房』主宰）

美大卒業後に故郷の長野に戻り、松本市内でデザインから縫製までをひとりで請け負う洋服工房を開いています。子どもの頃に母を亡くし、父と姉との3人暮らし。日々の食材の買い物は退職して暇をもてあましている父にまかせているので、私は毎朝冷蔵庫をのぞき、あるものを見繕ってお弁当を作っています。

長野らしいといえばやっぱり野沢菜でしょうか。父世代のおばちゃんたちは、いまだ「お菜、漬けた?」が冬の挨拶がわり。わが家ではこれも父の仕事で、2個の大樽いっぱいに漬けた野沢菜は毎日の食卓に乗り、酸味が出てきたら甘辛く煮て、卵焼きやおやきの具にします。信州名物のおやきはお弁当にもぴったり。皮は地粉とおからで作るんですが、そう難しくありません。

母がいないので残念ながら私には郷土料理的な引きつぎがなく、かわりに、というわけではないんですが、地元の出版社から出ている信州の郷土料理本をよく眺めています。りんごジュースを使ったピクルスもその本にあったもので、ピクルス液の配合は果汁100%ジュース400mlに対して酢50ml、塩大さじ1、ローリエ2枚、あればクローブ2〜3粒を合わせて煮立てて。

私のお弁当タイムに欠かせないものといえば足のコロコロ。もう、ちょっとでも健康になろうと思って(笑)。そして食後はきっちり15分、机に伏せて昼寝をします。横にならずに15分寝ると、午後の効率が恐ろしく上がると聞いて。私、太陽の陽子のくせに、自分の体力にまるで自信がないんですね。お弁当も、元気でいい仕事をしていくための体調管理のひとつなんです。

ももせ・ようこ／松本美術館の中庭などで年2回のファッションショーを開催。ウェディングドレスのオーダーメイドも手がける。ココロコロとはご覧の通り、足つぼマッサージ器のこと。

野沢菜入りおやき

材料（5個分）

具
- 塩ぬきした野沢菜……400g
- 砂糖……大さじ3
- 醤油、油……各大さじ1
- 赤唐辛子……少々

皮
- 地粉……180g
- おから……50g
- ベーキングパウダー……小さじ1
- 水……90ml

作り方

1　野沢菜を細かく刻み、油で炒める。

2　赤唐辛子を細かくちぎり入れ、砂糖、醤油を加えて混ぜながら煮詰める。

3　粉類とおからを合わせ、水を少量ずつ加えながらこねる。ざっくりとひとつにまとめてラップをし、1時間以上休ませる。

4　3を5等分してのばした皮で2の具を包んでいく。

5　フライパンに油（分量外）を薄くひき、両面を弱火でじっくり焼く。それぞれ15分ほど。

玄米ごはん

焼き塩鮭

野沢菜入り卵焼き

りんごジュースのピクルス
（人参、ミニトマト、ピーマン）

信濃毎日新聞社出版局刊。同じ著者の「粉食」編も持っている。

05

晴れ限定のおじいちゃん弁当。

畑 啓人（39歳・コーヒー店店主）

　京都河原町の裏通りでコーヒー屋をやっています。店を開けるのが午後の1時なので、お弁当はたいがいその前に自転車で鴨川まで行って、川べりに座って食べます。外で食べたいから雨の日はもともと作ってこないし、あと寒い冬も作らない。だから僕のは気候と天気のいい日限定のお弁当ということになります。

　おかずは呑み屋で気に入ったものが多いですかね。おいしいなと思ったら、同じもん作っちゃろって。今日のくりかぼちゃもおばんざい屋でおぼえた味です。ふつうのかぼちゃより高いんで嫁さんには内緒ですが(笑)、たしかにほくほくしてておいしいですね。

　僕なりに大事にしてることといえば、だしは必ず自分でとること。里芋は、昆布とかつおぶしのだしに酒、砂糖、醤油を入れて炊いた煮っころがしですが、汁が煮詰まったあたりで、かつおぶしをつかみ入れてガーッと和えています。テリっていうんですか？光ってるのが好きじゃないから、みりんは使いません。僕は何につけてもぴかぴかしてるのが苦手で、お弁当箱も光らない古いアルミのものをけっこう探したんです。ぴかぴかのもんて、どこか怪しい気がするんは僕だけですかね。

　竜田あげは、秋ならさんま、今日はさば。切り身の骨をよけながらひと口大に切って、生姜汁を入れた醤油に浸けること10分。片栗粉をまぶし、フライパンに少し多めの油で揚げ焼きみたいにしています。でも、今日のは少しよそいきだから、これでも彩りを考えてるほうで、ほんまは、ごはんに鮭だけとか、もっともっとおじいちゃんな日のほうが多いんですけどね。

はた・よしと／京都・河原町にある『エレファントファクトリーコーヒー』店主。店名は村上春樹の小説に由来する。子ども時代から牛乳好きで、188cmの長身。

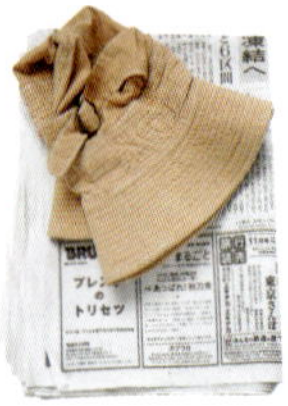

お尻に敷く新聞紙と日よけ及び防寒の帽子。外弁当の必須アイテム。

お弁当箱は四角と楕円と２つを所有。どちらもマットな古いアルミ製。

柑橘類が好きで必ず添える。ゆずの皮をおろして里芋に和えたりも。

里芋の煮っころがし
くりかぼちゃの煮物
すだち
春菊の白和え
さばの竜田あげ
梅干し
ごはん

06

具材たっぷり炊き込みごはん。

高野麻結子（37歳・編集者）

お料理上手な人を見ていると、やっぱり手際がいいんですよね。料理がうまくなれば仕事の段取りももっとよくなるかも、なんて思いながら日々修業中です。数年前に一念発起してはじめたお弁当作りですけど、いまでは朝起きて台所に立ちながら目覚めていく時間が好きになりました。

炭水化物をたくさん摂ると午後のデスクワークで眠くなってしまうので、ごはんの量はひかえめにします。具材たっぷりの炊き込みごはんを入れていくことが多いですね。『ル・クルーゼ』の鍋で、沸騰してから15分くらいで炊けるので、いろいろな具材で試してみるのが楽しいです。

今日はきのこと銀杏のおこわ。もち米にふつうの米も合わせ、具材と水、酒、塩、昆布と一緒に火にかけます。彩りに、細かく刻んだ人参を加えました。もち米を使うとふだんよりごちそう感がアップするのも気に入っています。

ひら茸、たもぎ茸、やまなめこ、ブナピーと、じつはいろんなきのこが入っているんです。スーパーで珍しいきのこを見つけると必ず買って、いつも数種類はストックしてあるんです。それぞれ香りや食感が違っていて奥が深いなあって。ボリュームも出るので、私のお弁当になくてはならない食材です。

時間のある夜や週末に、いろいろと作りおきします。おかずの常連、焼き魚は味噌などに漬けておいて朝焼くだけだし、副菜も夜準備しておけば、それほど早起きしなくても大丈夫。彩りの参考にするのはデパ地下のお惣菜や割烹のお弁当。外出先できれいなお弁当に出会うと、つい見とれてしまいます。

たかの・まゆこ／文系出身ながら「身の回りにあるものすべてが自然」と思い至り、自然科学や宇宙、医療の本を担当。文系の人でも楽しめるサイエンス書が目標。

コンソメ風味の鮭ごはん

材料

米……２合
（といで 30 分ほど水に浸す）
生鮭……１切れ
人参……$\frac{1}{2}$本（粗みじん切り）
玉ねぎ……$\frac{1}{2}$個（薄切り）
A　牛乳……１カップ
A　コンソメの素……１個
A　塩……ひとつまみ
バター……大さじ１
パセリ……適量（粗みじん切り）

作り方

1　鮭は塩と酒（各分量外）をふってしばらくおき、水気をふく。
2　炊飯器に米、人参、玉ねぎ、Aを入れ、炊飯器の目盛通りに水を入れて全体を混ぜ、１を加えてふつうに炊く。
3　鮭を取り出して一口大に切る。
4　ごはんにバターを加えて混ぜ、3を戻して蒸らし、パセリをふる。
＊塩鮭を使う場合は、塩は不要。
＊鮭は皮と骨を除いてほぐし、ごはんに混ぜてもおいしい。

人参とドライソーセージの
ビネガー和え

アスパラガスと
みょうがのおひたし

おこわ
(きのこ数種、銀杏、人参)

さわらの西京焼き

さつまいもの白和え

青じそ

柿

週末の作りおきごはん

たこめし

材料

もち米……1合
米……1合
ゆでだこ……約150g（一口大に切る）
A 醤油……大さじ2
A 酒……大さじ2
A みりん……大さじ1
生姜……1かけ（皮をむいて千切り）
昆布……約10cm
あさつき……適量（小口切り）

作り方

1　もち米はといで1時間ほど水に浸す。米は別にといで30分ほど水に浸す。
2　炊飯器に1、ゆでだこ、Aを入れ、炊飯器の目盛通りに水を入れて全体を混ぜ、生姜と昆布を加えてふつうに炊く。
3　あさつきを加えて蒸らす。

カニごはん

材料

米……2合
（といで30分ほど水に浸す）
カニ（缶詰）……1缶
酒……大さじ2
塩……ひとつまみ
昆布……約10cm
あさつき……適量（小口切り）
青じそ……適量（千切り）

作り方

1　カニは身をほぐし、缶詰の汁を少しとっておく。
2　炊飯器に米、酒、塩とカニ缶の汁を入れ、炊飯器の目盛通りに水を入れて全体を混ぜ、カニの身と昆布を加えてふつうに炊く。
3　あさつき、しそを加えて蒸らす。

夫が着古したパジャマとシャツの生地で作ったお弁当包み。古い布のコレクターでもある。

07

おかずの底にサプライズ。

良原リエ（42歳・音楽家）

料理も音楽も、生み出すという作業があって大好きです。ひらめいたら、即行動。曲を作るのも早いのですが、料理をするのもめちゃくちゃ早い。これとこれを合わせたらどうなるだろうという実験が大好きだから、大成功もあれば、大失敗も数えきれないほど。

お弁当はギタリストのだんなさんがスタジオに通う時に作っています。家では日々、失敗作をふくめてなんでも食べてもらっているので、お弁当には確実に喜ばれるものだけを入れるようにしています。

おむすびがかなり大きめなのは、私自身が学生の頃、体も大きくて運動もしていたので、母のお弁当がいつも足りなくてさみしかった。彼にはそんな気持ちになってほしくないと、「でかすぎる!」と何度言われても、ついつい大きくしちゃうんです。

夏によく作るピーマンの塩昆布和えは、家では生のまま和えますが、時間がたつと水気が出るので、お弁当用には炒めたものを入れています。味つけ卵は八角風味。いつもの浸け汁に八角を放り込んだだけで、風味が出て満足感も増すようになりました。

サプライズというか、10回に7回ぐらいの割合で、彼の大好物のソーセージを見えないように隠し入れることもあるんです。ふつうに見せてもいいのですが、はぐってはぐってひょっこり出てきたほうが楽しい気がして。

料理をするのも好きですが、もしかしたら私は、そんなふうにどうやって喜ばせようかとか、献立をどうしようとか、料理以前の考える時間はもっと好きかもしれません。考えるって、とても楽しいことですから。

八角風味の味つけ卵

材料

卵……4～5個

A
- 醤油……½カップ
- みりん……¼カップ
- 昆布……1枚
- にんにく、生姜……各1かけ
- 赤唐辛子……1本
- 八角……2個

作り方

1　卵は好みの固さにゆで、冷水にさらしながら殻をむく。

2　Aを鍋で煮立たせ、粗熱をとる。

3　2に1を半日～1日漬け込む。

＊それ以上漬けると、日に日にしょっぱくなるので注意してください。

よしはら・りえ／アコーディオンやトイピアノなどの鍵盤奏者。子どもの頃から料理が好きで7歳でお手製のレシピ集を作っていた。庭では野菜やハーブも育てる。著書に『音楽家の台所』。

キッチンの窓辺には、しばらく眺めていたいものを並べる。赤い野菜ばかりを漬けたピクルスと、その黄色版は、光が差し込んだ時の液の美しいこと。隣の小瓶は庭で摘んだ数種類のベリーのウォッカ漬け。収穫したてのアスパラガスとレタスも、まずは目で楽しんでから。りんごの容器は塩入れです。

豚肉と玉ねぎのナンプラー炒め

ぬか漬け（ズッキーニ、みょうが）

ピーマンの塩昆布炒め

切り干し大根と人参のカレー炒め

八角風味の味つけ卵

隠しソーセージ

自家製ゆかりの玄米おむすび

08

中国茶は煮ても焼いても炒めても。

渡邊乃月（36歳・茶教室主宰）

自宅で中国茶の教室を開いています。紅茶からはじまりお茶のルーツを探るうちに、気づいたら中国雲南省の原木の下に立っていました。

教室では時節に合うお茶と点心の紹介をしているので、お弁当のおかずには残った茶葉を使った料理や、点心の残りの具をアレンジしたものがよく登場します。

とくに烏龍茶は料理には万能なお茶。煮卵、炒め物、なんにでも使える。缶の底に残った粉をごはんにふりかけてもいいし、卵に焼き込んだり、烏龍茶風味の佃煮をごはんの間に敷き詰めるだんだんごはんも大好きです。

今日のメインのおかず、えびとヤングコーンの龍井《ロンジン》茶炒めは産地の浙江省でよく作られる名物料理。材料を塩こしょうで炒め、仕上げに茶葉を合わせるだけで、柔らかい色味と風味が特別なおかずにしてくれます。

ちなみに、このお弁当を食べるのは主人で、このお弁当箱は、ふたりである城下町を旅した時に古い金物屋さんで見つけたもの。小さなおかず箱、替えゴム、スライド式の箸入れと箸、お魚のお醤油入れまでついていました。昔はこんなアルミのお弁当箱をストーブにのせて、温めて食べたんですよね。店番のおじいちゃん、「これでしまいやで」と言っていましたが、行き届いた昔のものがなくなっていくのは本当に寂しい。

主人はお弁当について何も言いません。ふたのお米一粒も残さず食べて、きれいに持ち帰ってくれるのが感想かなと。家の食事も、それこそ猫がお皿をなめたみたいに食べてくれるんです。そんなところが好きなんでしょうね。

わたなべ・のづき／茶教室「月乃音」を主宰。年に数回は仕入れで中国、台湾を旅行する。茶道に加えて合気道の稽古にも通い、2つの道を探求中。人参たらこは炒め合わせただけの常備菜。

烏龍茶風味のひじき佃煮

材料

姫ひじき（乾燥）……15g

A
- ちりめんじゃこ……20g
- 茶葉……適量（出がらしを刻む）
- 醤油……50mℓ
- 砂糖……大さじ2½
- 酢……大さじ2

ごま……少々

花かつお……30g

作り方

1　乾燥ひじきを戻し、水気をきる。

2　フライパンに1とAを入れ、水分がなくなるまで炒める（約30分）。

3　ごまと花かつおを混ぜ合わせて火を止め、休ませる。

右は卵焼きの卵を溶く時、左はおかずを冷ます時に毎朝使っている器。どちらも中国の食堂の食器。

クレソンと菜の花の
からし醤油

人参のたらこ和え

えびとヤングコーンの
龍井茶炒め

梅干し

黒ごま

ごはん（隠しのり）

葛の繊維から糸を作る、ラオスの巾着。ミニサイズのおかずの容器やマグカップ入れに。

09

常備菜＋パンで無限大のおいしさに。

内田真澄（38歳・「日本民藝館」勤務）

昔から絵を描いたり創作するのが好きで、ふだんの料理も本をチェックしたり、外で食べておいしかった食材の組み合わせを試したり。お弁当は週1〜2回ですが、常備菜をたっぷり仕込んだ時はサンドイッチ弁当と決めています。

これはもともと、職場の先輩がハムとレタスとマヨネーズを薄切りの食パンにのせて、手でむぎゅっと折って食べていたのがすごく格好よくて。作りたてなのでパンはふわふわのまま、好きな具を組み合わせるのも楽しいです。

必ず入れる具は、人参サラダ。今日は葉っぱ付きが手に入ったので余すことなく使い、オリーブオイルとレモン汁と塩、煎ったくるみを加えました。アボカドは焼いて水分を飛ばしてこくを出し、ゆでえびに合わせてこっくりと。紫キャベツのマリネには同系色

うちだ・ますみ／趣味は骨董市と美術館めぐり、料理本を眺めながら新旧織りまぜた器と料理の組み合わせを考えること。サンドイッチ弁当には紅茶がお決まり。

具のバリエーション

オリーブオイルで炒めたきのことごぼうに塩、こしょう、粒マスタードを和えた簡単マリネ。

セミドライトマトとフレッシュバジルのオイル漬けに、ゆでた鶏ささみ肉を合わせたもの。

アスパラとキャベツのオイルサーディン和え。仕上げにマーマレードをのせて甘味と酸味を。

ゆでたそら豆が余った時に作るディップ。塩、オリーブオイルとフードプロセッサーに。

全粒粉の食パン

マヨネーズ×マスタード

パン

サワークリーム

ぽんかん

夏みかん

デミタススプーンの両
サイドを平らに削って
カスタム。ジャムやペ
ーストをすっと塗れる。

旅先の台湾で見つけた
経木のカップ。深さが
あって、サンドイッチ
用の籠にぴったり。

のしば漬けを加えてレモン汁を少し。多めに作っておけば、夫の晩酌のアテや急な来客にも便利です。マヨネーズとマスタードを1：1でブレンドしたものを、その場でパンに塗るのもポイントです。

　甘いものが好きで、お弁当にも必ずデザートをつけます。サンドイッチの日は、甘いオープンサンド。ハード系のパンにクリームチーズやサワークリーム、果物やドライフルーツやチョコレートを。なかでも、ドライいちじく×ビターチョコ×マスカルポーネチーズの組み合わせがいちばんのお気に入りです。

　サンドイッチは、組み合わせひとつでどこまでも華やかになるから好き。高校時代に母が持たせてくれた、真っ白な食パンにいちごジャムをはさんだだけのサンドイッチも、忘れられないお弁当です。

サニーレタス
人参サラダ（人参の葉、くるみ）
ゆでえびのアボカド和え
紫キャベツのマリネ
（しば漬け入り）
ハム
チェダーチーズ
りんご

夫のためのボリューム肉弁当。

北澤慎子（35歳・会社員）

2年前に結婚してから、平日は毎朝、夫のお弁当を作っています。夫が大の肉好きでメインは必ず肉メニュー。私自身も肉好きです。

よく作るのは、手早くできてボリュームたっぷりのどんぶり弁当。なかでも夫の好物のステーキ丼は、大根おろし入りの自家製ステーキソースが決め手。このソースは料理上手な父直伝のレシピなのですが、たっぷり作っておいて、ハンバーグのソースにしたり、すりおろした生姜を加えて豚肉の生姜焼きに使ったり。肉にからめるとなんでもおいしくなってしまいます。

もうひとつ、おかずの味つけに重宝するのが自家製めんつゆ。これも父から教わったレシピで、実家では「そばつゆ」と呼んでいました。その昔、祖父が蕎麦屋を経営していた時のレシピだからでしょうか。実家の煮物はすべてこのめんつゆがベースでした。まずはめんつゆの素を作っておいて、使いやすい分量を取り出し、たっぷりの水とかつおぶしを加えて仕上げるのがわが家流。料理に合わせて醤油、酒、砂糖、みりんを追加し、お弁当でも親子丼を煮る時のつゆにするなど活用しています。

健康のことも考えて、肉には緑黄色野菜を添えます。野菜の揚げびたしや、ゆでた小松菜をめんつゆとおかかで和えたものなど、副菜にもめんつゆが大活躍です。

夫も、洗えるランチバッグを自分で見つけてきたり、彼なりにお弁当ライフを楽しんでいるようです。お弁当のおかずは同じもののローテーションになりがちですが、新しいレシピを考えて、お弁当作りを極めたいと思います。

きたざわ・のりこ／ウェディング会社でドレスや着物の買いつけを担当。ワインエキスパートの資格を持ち、チーズプロフェッショナルの資格取得に向けて勉強中。

私の味の基本その1

ステーキソース

材料

醤油……330mℓ
赤ワイン（白ワインでも）
……135mℓ
酢……135mℓ
みりん……135mℓ
大根……½本（すりおろす）
玉ねぎ……½個（すりおろす）
にんにく……½かけ
砂糖……50g

作り方

1　鍋にすべての材料を入れ、中強火にかける。
2　煮立ったら火を弱め、大根と玉ねぎに火が通ったらできあがり。
＊小分けにして冷凍しておきます。

月曜日
monday

牛ロース肉のステーキ
野菜の揚げびたし（なす、ズッキーニ、赤パプリカ）
ごはん

週はじめは手のかからないどんぶり弁当。ステーキ肉は1枚のまま塩こしょうをして、テフロン製のフライパンで油をひかずに両面を焼いて、余熱でステーキソースをからませます。親子丼の卵はとろんと仕上げたいところですが、お弁当なのでしっかり火を入れて。玉ねぎだと甘いので、かわりに長ねぎを使用。

親子丼も好評

父が嫁入り道具に持たせてくれたふた付きのどんぶり鍋。盛りつけもらくらく。

親子丼
（鶏もも肉、長ねぎ、三つ葉）

火曜日
tuesday

- ハンバーグ
（きのこ入りケチャップオイスターソース）
- 2色のプチトマト
- チーズ入り卵焼き
- ほうれん草のごま和え

チキンライス
（鶏肉、玉ねぎ）

定番メニューのひとつ、「口の中でオムライスになる弁当」。チーズ入りの卵焼きとチキンライスを一緒に食べると、オムライスになることを発見したんです。卵焼きはふんわり感を出したいので、生クリームと牛乳を混ぜて。弱火で落ち着いて焼くのがポイント。

弱火がポイント

チーズ入り卵焼きの作り方

1

ボウルに卵3個を割り入れ、生クリーム大さじ1〜1½、水小さじ1を加える。

2

箸で縦に切るように混ぜ（泡立たせない）、塩小さじ¼、砂糖小さじ½を加えて混ぜる。

3

卵焼き器にサラダ油少々をひき、中弱火にして2の⅓量を流し入れ、スライスチーズ1枚を手で半分に裂いたものを手前にのせる。

4

半熟になったら手前から奥に巻いていき、それを手前に寄せて空いたところに油を塗る。残った2の半量を流し入れて焼き、同じように巻く。これをもう1回繰り返す。

水曜日
wednesday

色とりどりのプチマトは容器に移し替えて、さっと取り出しやすく。

- 鶏もも肉の竜田あげ
- 味つけ卵
- 2色のプチトマト
- ゆでブロッコリー
- ごはん

竜田あげは夫の好物。揚げたあとにめんつゆに浸すので、下味をつける時間が要りません。揚げ衣には大粒で食材の水分を吸いやすい「未粉(みふん)つぶ片栗粉」がお気に入り。味つけ卵もめんつゆで。殻をむいたゆで卵を、醤油、砂糖、みりんを加えためんつゆでさっと煮て、そのまま冷まします。

私の味の基本その2

めんつゆ

材料

A ┌ 醤油……720mℓ
　 │ みりん……280mℓ
　 └ 砂糖……100g

水……1ℓ

かつおぶし……大きくひとつかみ

作り方

1　大きめの鍋にAを合わせて中強火にかけ、めんつゆの素を作る。

2　煮立ったら1カップを別の鍋に取り出して火にかけ、沸いたら水とかつおぶしを入れ、再度沸いたら弱火にして5分ほど煮て、漉したものをめんつゆとして使う。

＊残った1（めんつゆの素）は冷蔵庫で1か月もつので、必要な時に1カップずつ取り出してめんつゆにする。

木曜日
thursday

夫が見つけた『BUILT』
のランチトート。外に
汁が漏れず、洗濯も可。

ピーナッツ
バターサンド

ハムときゅうりの
サンドイッチ

照り焼きチキンサンド
(レタス、目玉焼き)

週の半ばに、箸休め的
に作るサンドイッチ。
ここでも肉はマストで、
照り焼きチキンはもも
肉を一枚焼いて、醤油
と砂糖を加えためんつ
ゆで煮詰めます。パン
は夫のリクエストで8
枚切りの薄いものを耳
つきで。大きめのプラ
スチック容器にぎゅう
ぎゅうに詰め込みます。

夫の好物おかず

油あげの卵煮。袋にし
た油あげに卵を割り入
れ、爪楊枝でとめて巾
着にしたものを、酒、
みりん、醤油、砂糖を
加えためんつゆで煮る。

ちくわに棒チーズを入
れて、マヨネーズ、青
のり、カレー粉で炒め
たもの。チーズが焼け
てかりっとなった部分
が香ばしくて私も好き。

金曜日
friday

野菜とチーズの肉巻き
（人参、アスパラガス、いんげん）

コンソメひじき（ベーコン、玉ねぎ）

小松菜のおひたし

パプリカの揚げびたし

肉巻きの日は、副菜を薄味にします。肉巻きは、フライパンで焼いたあとにステーキソースをからめるのですが、汁気が多いので副菜がその汁気を吸ってもいいように。今日は薄切りの豚ロース肉を使用。ソースに合わせて、ひじきはコンソメで煮て洋風にしてみました。

ごはん

ごましお

よく使う薬味類は、裏がマグネットになった容器に入れてレンジフードにピタッ。

野菜の揚げびたしは、なすやズッキーニなどを素揚げしてめんつゆに漬けておくだけ。めんつゆを冷蔵する場合は1週間を目安に使いきる。

11

食後眠くならない、うさぎ膳。

鈴木ひろ子（49歳・華道家）

生野菜、ゆで野菜、ピクルスとフルーツに、ホームベーカリーにおまかせのドイツパン。名づけて「ラフ弁」。

切る、ゆでる、詰めるだけ、と手順が「ラフ」ってことと、以前、飼っていたうさぎの名前「ラフマニノフ」にちなんでこう呼んでいます。ほら、うさぎの食事みたいに野菜ばかりですから。といってもラフマニノフはなぜか人参が嫌いで、好物といえばトマトでしたけど。約10年、一緒に暮らしました。

ラフ弁は、私のぶんでなく夫のお弁当です。じつは私、一昨年結婚しました。一生独身だろうなあ、と思っていたんですけど、縁ってつくづくふしぎですねえ。

ラフ弁、「愛妻弁当」というにはあまりに手ぬきでしょ。でも、この構成は夫からのリクエストでもあるんです。以前、ふたりで2泊3日の断食道場に参加した際、明けの食事に、野菜に味噌をつけただけでいただいたのが、体にしみ渡るおいしさで感動したんです。加えて断食体験を通して、いかにふだん食べすぎているかを実感したものですから、夫も「昼は軽めにしたい」と思ったようです。ラフ弁だと、昼食後も眠くならず、仕事がはかどるそうですよ。

飽きないように、野菜の種類を変えたり、日本各地の麦味噌をストックしておき日替わりで添えたり、どこか変化をつけることが「愛情」の注ぎどころでしょうか。

とはいえ私たち、菜食主義じゃありません。夕食ではお肉もお魚もいただきますよ。ラフ弁は、ふたりでいただく夕食をよりおいしく味わうための「前菜」としての役割も担ってくれていますね。

ラフマニノフ！

敬愛する音楽家と同じ名前をつけた。略して“ラフ”。うさぎのくせになぜか人参が嫌いという風変わりな偏食家だった。写真は在りし日の愛らしい姿。

すずき・ひろこ／震災の被災地の人々を応援したいという思いから、意識して東北の野菜を買うようにしている。東京・青山『風庵』他にて花の教室を主宰。

買い物は毎週末開かれる青山のファーマーズマーケットが狙い目。島パインもお買い得品。

ホームベーカリーでも本格的ドイツパンが仕上がる。このレシピ本で失敗ナシ。

生野菜（きゅうり、トマト、
人参、大根、トレビス、
キャベツ、青じそ）

ピクルス（セロリ、
カリフラワー）

ゆで野菜（さつまいも、
オクラ、いんげん、
かぼちゃ、とうもろこし）

クリームチーズ

麦味噌

ぶどう

島パイン

自家製ライ麦パン（亜麻の実）

自家製ライ麦パン（レーズン、
くるみ、クランベリー、シナモン）

12

毎朝握る5種類のおむすび。

石下忠由（42歳・ビデオエンジニア）

百円ショップで見つけたケースに、ぴっちりおさまるように入れた5種類のおむすびとおかず、そこに野菜いっぱいの汁物をつけるのが僕の毎日の弁当です。

テレビ制作の仕事をしているのですが、ロケ弁当が続くと辟易して、野菜や、少しでも多くの種類の食品が摂れるようにと2年前から自分で作りはじめました。

帰宅が深夜2時になっても米をとぎ、4時にはごはんが炊きあがるように炊飯器をセットして眠り、起きて弁当を作ります。おかずは晩飯の残りか常備菜。今日は、菜の花のからし和えと常備菜が3品。片口いわしは、徳用品を見つけた時にまとめてさっと煮ておいたもの。酒と醤油とみりん少々と。栄養もあるので、独身時代からの定番なんです。

米は、以前に取材で伺った京都の農家の方から取り寄せている七分づき米です。この米がおいしくて、朝食と弁当だけは何があっても炊きたてと決めています。チンはなし。

全部違うおむすびにするのは、大きな1個より小さな2個が好きという性分なのと（笑）、作りおいてる食材をあれこれ使ってみたいから。冷蔵庫には自分で漬けた漬け物が常時何種類か入っていて、冬は白菜、夏になればキャベツやきゅうり。青じそも塩漬けで保存し、えごまが手に入ればそれも塩漬けにして巻きますが、その時は具を明太子にすると、これが絶品。だし殻のかつおぶしも捨てずにおいて、醤油をまぶしておむすびに和えます。

ごはんにしらすと塩を混ぜ、手にごま油をたらして握るおむすびも好きなので、冷凍しらすも欠かしませんね。

いしした・ただよし／リュックにお弁当を入れて、仕事場まで50分をかけて徒歩で通っている。真夜中の帰宅も徒歩。歩きだしてから体の調子もよくなった。

お弁当をきっかけに漬けはじめた梅干し。ゆかりもできて一石二鳥。

青じそに塩をしておくだけ。えごまも同じようにするとおいしい。

白菜漬けは、塩、昆布、赤唐辛子を入れて専用の漬け物器でプレス。

おむすびは「石垣の塩」で握る。角のない、丸みのある塩気がいい。

のりむすび（梅入り）

かつおぶし和えむすび

刻み梅和えむすび

白菜漬けむすび（鮭入り）

塩漬け青じそむすび

おかず

菜の花のからし和え
かつお本節の醤油漬け
片口いわしの醤油煮
醤油漬け昆布の炒め物

けんちん汁

ローリエ、つわぶき、南天の葉など、庭の葉っぱをお弁当箱の間仕切りに。小松菜など食べられる"野菜の葉っぱ"も活用。

13

水溶き葛粉で、冷めても"てりっ"。

カナヤミユキ（48歳・デザイナー）

中学3年生の娘のお弁当を作っています。毎朝、夫と娘の朝食を準備したあと、淹れたてのコーヒーを飲みながら20分くらいで作ります。

手早く仕上げたい時は、豚肉の生姜焼き弁当。柔らかい薄切りのロース肉を使い、最後に水溶き葛粉を加えることで、冷めても"てりっ"とした状態が続きます。キャベツはゆでてオリーブオイルと塩で和えたものを。群馬で農業を営む父から届く梅干しは、千切り大根と和えたり、いわしの梅煮にすることもあります。生姜焼きにふりかけたごまも父が育てたもので、一升瓶で保存して使っています。

温かいものと冷たいものを分けたくて、メインのお弁当箱のほかに、おかずを1～2品。それに、必ず「汁物」をつけます。寒い日の定番はうどんですね。群馬の実家では、祖母が手打ちしたうどんを、夜ごはんに家族で食べるのが楽しみでした。

群馬名物の水沢うどんはコシがあるので、時間が経ってもおいしく食べられます。だしは、昆布と椎茸をベースに白だしを加えて醤油を少々。おにぎりの日にうどんをつけることが多いです。定食風です。鶏むね肉の蒸し焼きは、オリーブオイルと生姜で鶏肉を皮目から弱火で焼いて、酒をふってふたをし、焼き目がついたら裏返して火を止めてしばらくおきます。生姜をにんにくに変えると、サンドイッチの具にもなるんです。

お弁当作りは、朝の頭の体操でしょうか。庭の葉っぱを間仕切りにしたり、旅先で見つけた調味料を試してみたり。日課とはいえ、お弁当箱が空になって戻ってくると、やっぱりうれしいですね。

「ZUBO」というユニット名で活動。アパレルブランド「Pal'las Palace」のテキスタイルデザインや商品企画に携わるほか、カタログのアートディレクションも。

おむすびの日

アスパラおかか

鮭の小むすび

水沢うどん（椎茸、人参）

鶏むね肉の蒸し焼き

ゆでカリフラワーのオリーブオイル和え

ゆでキャベツの塩オリーブオイル

梅干し

豚肉の生姜焼き

ごま

ごはん

じゃがたらこバター

コーンのスープ
(エリンギ、小松菜)

14

体と相談しながら作る、ピリ辛味。

秋光さやか（28歳・会社員）

胃があまり丈夫じゃないので、夜は食べないくらいが翌朝、調子がいいんです。だから昼のお弁当が1日の食事のメインイベント。

おかずは大好きな野菜が中心ですね。週2回ほど、会社帰りにひいきの八百屋さんに立ち寄り、旬の野菜をうきうきと選び、土日の朝、作りおきぶんを仕込んでいます。

胃弱の割には辛いものに目がなくて。だから、体調と相談して辛さを加減しながら、おかず作りをしていますね。

おにぎりに入れた青唐辛子はごま油と酢で漬けたもの。キャベツのナムルは、ゆでたキャベツを、新潟の調味料「かぐら辛っ子」（当地の唐辛子「神楽南蛮」を塩と麹で漬け込んだもの）とごま油、煎りごまでナムルにしました。でも本当においしい野菜なら、ゆでただけで塩すら不要なんですよ。つくづく素材の力は偉大だなあと思います。

以前『ナチュラルハウス』に勤めていたこともあって、食材の産地や作り手には関心が高いほうですね。たとえば、寒干し大根なら祝島産、ちりめんじゃこは和田島産、と揺るがぬ定番も多いんです。

腕のいい生産者の方のお名前はしっかりおぼえて指名買い。とりわけ、無類の蓮根好きである自分としては、毎年、茨城県霞ヶ浦の手掘り蓮根が出回る時期になると、そわそわしてしまいますね。

お弁当作りは高校時代からはじめていましたが、大学時代のお弁当は、カフェブームの影響もあってサンドイッチやパスタとかエスニックとか、目新しいカタカナ系メニューに傾倒していました。結局「母の味」にUターンしちゃいましたけど。

母と共用している漬け物器。購入後30年経ったいまも元気に現役。

あきみつ・さやか／高校時代から13年間、お弁当を作り続けている若きベテラン。持参する水筒の中身はたいてい白湯。体が温まって消化がよくなる実感がある。

野菜もりもり弁当の日

- セロリ、人参、ちりめんじゃこの煎り煮
- こんにゃくの辛煮
- 蓮根とすき昆布の酢の物
- ゆかり
- 梅干し
- たくあん
- にらと丁子麩の豆豉《トウチ》和え
- ゆでかき菜
- ごはん

おにぎり（わかめふりかけ、
ごま、青唐辛子の酢油漬け）

人参のぬか漬け

長芋の生姜マリネ

あじのみりん干し

ごまと神楽南蛮入り
キャベツのナムル

ゆでほうれん草

15

飯盒炊さん、炊きたて弁当。

大塚真（35歳・編集者、ライター）

これ、飯盒《はんごう》です。2合炊き。炊飯器と弁当箱を兼ねてます。昼時になると会社の給湯室のコンロでメシ炊いてます。炊きあがったら取っ手を持って、逆さまにしてしばらく蒸らせばできあがり。

焚き火で炊く場合は火の加減が難しいですが、コンロの火は安定しているので簡単ですよ。弱火にすればまず失敗することはありません。まあ、万が一焦げたとしても、事務所内にいる誰かが匂いに気づいて教えてくれるので、惨事は避けられます。

外食だと時間とお金がもったいない、でもお弁当だとどうしても冷や飯になる。だったら炊けばいい、ってんでコレにして8年目になります。

半年前から白米ではなく玄米に変えました。味噌と米だけで数週間山ごもりする知り合いの登山家から、白米より

コーヒーセット。豆から挽いて、一人用の茶こし器で淹れる。

オレンジ色の容器はのり入れ。梅干しと一緒に会社の机の引き出しにて待機。

おおつか・まこと／ひいきの市場は上野アメ横。弁当費用は1日約50円だがお茶と調味料はケチらない主義。飯盒はスウェーデンのメーカー『trangia』社のもの。

ゴーカ！天丼バージョン

会社にほど近い商店街にある、なじみの惣菜屋さんで揚げたての天ぷらを買い、ほかほかの炊きたてごはんにのせるだけ。十分安あがりだけど、これも「ハレの日」のデラックス弁当。

玄米を食べていた時のほうが体調がよかったという話を聞きまして。体を張った実験ですから説得力がありますね。おかずのレギュラーは、のり、梅干し、納豆です。近所の惣菜屋のフライや天ぷら、『吉野家』の持ち帰りの牛皿をおかずに加えるスペシャル「豪華版」の日も、たまーにはありますよ。

　会社の女の子は「ごはんに納豆なんて、同じものばかりでよく飽きないね」って呆れているけど、逆にたいした肉体労働でもない軽作業の分際で、なぜ毎日あれこれ食べたいのかこっちが問いたいね。

　ただ、こうして本に紹介されることで、肩身が狭かった俺の弁当も市民権を得るかもしれない！　といっても同好の士がふえて、コンロが順番待ちになっては、それはそれで困りますけれど。

アジフライ
ソース
納豆
玄米ごはん

16

包み布は結ばず、巻いてゴムでとめるのが金城流。布が小さくすむ。

めりはりある沖縄の味が主役。

金城京奈（27歳・菓子製造）

いつか故郷の沖縄に帰って、ごはんも甘いものもある食堂を開くのが夢。いまは東京の手作りの焼き菓子屋さんの工房で勉強中です。試食や、つまみ食いも多くなるので、なるべく野菜を摂るためにお弁当を続けています。

おかずはゆうべの残りが基本ですが、家でも意識的にお弁当に入れやすいおかずを作るようにしているから、家のごはんとお弁当は、もう一体という感じ。らくちんでボリューム感もある「のっけのっけ弁当」にすることが多いのですが、今日はのり巻きです。

缶詰のポークと卵の組み合わせは「ポークたまご」といって、沖縄では朝食の定番。これも今朝の朝食の流れで作ったもので、のりの上に、ごまと青ねぎを混ぜ込んだ玄米ごはんをならして、卵焼き、ポークの順にのせて巻いたものを食べやすく切っただけ。ポークの味が強いので、卵は味をつけません。

ポーク缶は東京で買うと高いので、那覇にいる母にまとめて送ってもらっています。「スパム」が有名ですが、私は「DAK」派。よりほろほろとしてジューシーなのですが、あまり出回っていないから見つけるのが大変かも。

のっけのっけ弁当でよく作るもののひとつに、やはり沖縄のタコライスがあります。豚ひき肉をケチャップ、ウスターソース、醤油、塩こしょう、あればチリペッパーで炒めたものと、千切りレタス、トマトを三色弁当のようにごはんにのせて、肉に粉チーズとタバスコをひとふり。全部をよく混ぜて食べるのですが、がっつり肉料理のようで、案外、野菜もたっぷりと食べられるところがおすすめです。

チョコチップ入りビスコッティ

材料

卵……1個
グラニュー糖……40g
薄力粉……80g
全粒粉……40g
チョコチップ……40g
くるみ（ローストして粗めにカット）……25g

作り方

1　ボウルに全卵とグラニュー糖を入れ、泡立て器でよく混ぜる。
2　1にふるった粉類を入れ、ゴムベラでざっくり切るように混ぜる。
3　粉気がまだ残るうちにチョコチップとくるみを入れ、手でざっと合わせる。
4　高さ2cmほどのかまぼこ型に成形し、180℃のオーブンで20分焼く。
5　少し冷ましてから1cm幅にカットし、断面を上にして、さらに150℃で30分焼く。

きんじょう・けいな／那覇市出身。お弁当歴4年。照り焼きに味噌を入れたり、濃いめの味が好き。休日は一眼レフのデジタルカメラをもって散歩に出かける。

休日に勉強がてら焼くお菓子を、お弁当のデザートに持っていく。

アスパラガスと
プチトマトの塩炒め

フリルレタス

豆ときゅうりのサラダ

ポークたまごののり巻き

よく使うレタスは葉をはがし、濡らしたペーパーにはさんで保存。

17

漆のお弁当箱は冷めてもおいしい。

津田智恵（42歳・ブライダルスタッフ）

仕事場は六本木ヒルズ内にある高層ホテル。まわりにお店はたくさんありますが、お昼ごはんはのんびりホッとしたくて、なるべくお弁当を持っていくようにしています。

最近はお弁当も温め直して食べることが主流になっているようですが、私にはやっぱり「冷めてもおいしい」がうれしい。それに、１年待ってようやく手に入れた、お気に入りの木曽の溜塗のお弁当箱にお肉や魚はあまり入れたくないというのもあって、なんとなく野菜のおかずがメインになることが多いんです。

季節感のある三色弁当はよく作ります。今日は、蒸したとうもろこしを網で焦げ目をつけながら焼いてほぐしたものと塩でもんだ人参の酢和え、いんげんも蒸して梅肉で和えたものをごはんにのせました。夏の旬のとうもろこしは甘味

おむすびの日

かぶの葉とたたき梅

塩昆布

卵焼き

プチトマトとかぶのマリネ

蒸しピーマンのおかか醤油和え

つだ・ちえ／手仕事のものや工芸品が好き。１年待ったお弁当箱は野口義明さん作の「めんぱ型」。おむすびの日は、赤い子ども用におかずを詰めていく。和食でも水筒にはコーヒー。

大切なお弁当箱は『エフスタイル』のあずま袋タイプの弁当包みに。

朝も昼も。お気に入りは『SHIRAI ROASTER』のコーヒー。

油なじみのいい銅の卵焼き器。とてもうれしい贈り物でした。

があって本当においしい。いんげんと人参の下には、ごはんに移る酸味を和らげるように、のりを敷いています。

朝は出かける2時間ぐらい前に起きて、ゆっくりコーヒーを飲んだり、その間にお弁当を作ったり。そんなふうにしてやっとエンジンがかかるタイプなんです。早番の時は作りませんし、あまり凝ったこともしません。わが家では凝った料理は夫担当ということになっています(笑)。

でも、ひたすら巻くという作業はたまらなく好きで、卵焼き、春巻き、肉巻き。ひたすら千切りや、ひたすらみじん切りをするのも大好きで、細かい仕事が好きなんですね。最近、銅の卵焼き器をいただいたのですが、本当に薄くきれいに巻けるので驚いています。卵焼き作りが、これでさらに好きになりました。

蒸しいんげんの梅和え

焼きとうもろこし

人参の酢和え

のり

ごはん

18

おかず発想力鍛える、新種の野菜。

荒木結花（49歳・会社員）

　節約のためにはじめたお弁当作りでしたが、料理の楽しさに目覚めてからは義務というよりストレス解消の手段です。自分と夫のぶんを作っていますが、夫からのリクエストは、時間がない、手が離せない時にもさっとつまめる形態、ずばり〝おにぎり〟。凝ったおかずを詰めても「あんまりがんばらなくていいから」と、こっちのやる気をそぐような薄いリアクション。

　でも、いつもは無言のまま空の弁当箱を差し出す夫が初めて「今日の弁当、うまかった！」と目を輝かせたのが、大葉巻きのおにぎりでした。「手のひら大葉」という青森産の大葉で巻いたのですが、これ、一般的なしそよりひとまわり大きく、くせがないのでおにぎりと相性がいいんですよ。私の知る範囲では髙島屋新宿店でしか扱っていないので、会社帰りにわざわざ寄って手に入れています。

　珍しい野菜はすぐに試したいほうです。どうやって調理しようとイメージをふくらませるひとときは至福。今日のおかずにした〝日本生まれのイタリア野菜〟というふれこみの「スティッキオ」は、フライにすると甘味がましておいしいんですよ。いくら夫が「そんなにがんばらなくてもいい」と言おうが、今後も〝新作おかず〟の開発にいそしみたいと思っています。

　そうそう、夫がおにぎり以外で喜ぶお弁当、ありました！　夫の子ども時代、9のつく日が縁日だったことにちなんで、その日は焼きそば、チャンプルなどの屋台風の麺弁当に決めています。こちらは、子どもの頃の懐かしい、楽しかった思い出、というスパイスが隠し味ですね。

あらき・ゆか／ハワイ好きなのでロコモコ弁やスパムむすびもよく作る。休日は、東京駅周辺に点在する日本各地のアンテナショップで食材を調達するのが楽しみ。

9のつく日は麺弁当！

焼き伏見甘長唐辛子

ソーミンチャンプル（玉ねぎ、椎茸、キャベツ、人参、黄にら、ツナ）

長年の相棒

自分の手の延長のようになじんだミトン。ボロボロだけど、まだまだ捨てられない。

卵焼き
（しらす、九条ねぎ）

ゴーヤのハンバーグ詰め

レタス

スティッキオのフライ

もずくの天ぷら

手のひら大葉巻きおにぎり
（しば漬け入り）

19

ほろ苦いわたも、ごはんの友。

加藤茂雄（49歳・医師）

職場の食堂に飽きちゃったから、自分で弁当を作ったほうがいいなと思ったんですよね。見栄えには全然こだわっていなくて、とにかく白いごはんが好きだから、ごはんのおかずになるものを詰めてるだけ。定番は、いわしの丸干しや塩鮭。弁当に入れやすくて、ごはんが進んで、手間もかからずとなると、これだなあと。母親が作る弁当に肉が入っていなかったせいか、肉のおかずって思いつかない。

魚のわたが好きだからいわしの丸干しなんて最高。じつは中学の時の同級生がめざしの弁当を持ってきていたのが、すごく印象に残ってたんだよね。で、それを真似たの。あと昔の塩鮭って、焼くと表面に白く粉が吹くほど塩がきいていてうまかったんだよねえ。母親の弁当はそんな塩辛い鮭がごはんの上にデーンとのっ

- 片口いわしの丸干し
- きゅうりの漬け物
- ねぎ入り卵焼き
- ごはん

きゅうりの一夜漬け

材料（1人分）

きゅうり……1本（乱切り）

A
- 塩……小さじ1
- 砂糖……ひとつまみ
- 練りからし（チューブ）……3cm

作り方

1　きゅうりをポリ袋に入れ、Aを加えてよくもみ込む。

2　冷蔵庫で、ひと晩ねかせる。

かとう・しげお／専門は麻酔科。妻、一男二女の5人家族。さんまのつみれや大根葉炒めなども得意料理。ジャムや梅酒、梅シロップなど手作りを楽しんでいる。

かっていて、卵焼きにはたいてい長ねぎが入ってた。塩が吹いている鮭は、さすがにいま食べたら塩分のとり過ぎになるから、自分で鮭を焼く時は甘塩かせいぜい中辛にしているんだけども、卵焼きはやっぱり長ねぎを入れたくなりますね。卵2個に砂糖、塩、酒でやや甘めに味つけ。これは母親とまったく同じ味になってると思うなあ。

　焼き魚の副菜にしているのはひと晩で漬けられる漬け物か、レンジでできる野菜の和え物。青もの、きのこ、根菜などを小さめに切って専用の蒸し器で約40秒（種類によって調整）レンジにかけ、火が通ったら少量パックのかつおぶし一袋と濃縮タイプのそばつゆで和えるだけです。かつおぶしで和えると水分が吸収されてね、弁当向きのいいおかずになるんだな。

20

塩でよし砂糖でよし、梅は万能。

林 綾子（57歳・梅農家）

南高梅誕生の地、和歌山のみなべ町の梅農家にお嫁にきてから毎日主人のお弁当を作ってます。ということは、もう35年。長いですね。

畑をやっているのはおじいちゃんとおばあちゃんと私で、主人は町役場に勤めているんです。役場には南高梅の振興や研究をする、その名も「うめ課」という部署があって、そこで宣伝ていうんかな、やっぱり梅のことをしています。

いまはみんな、はちみつ梅のような味梅に慣れて、昔ながらの塩辛い梅がなかなか売れんようになってしまったけど、うちで食べる梅は塩だけで漬け込んだ正真正銘の白干し。料理には、それで作った梅酢と、甘味を足した「梅びしお」を調味料がわりになんにでも使っています。

梅びしおは、刻んだ梅干しに砂糖とみりんを加えてとろりと煮込んだだけのものだけど、梅味にするだけでなく、魚の臭みを消したり、肉を柔らかくしたりもするんですよ。ここらの農家のお母さんたちで作っている「梅料理研究会」が20年ぐらい前に考え出したもので、びしおは「醤」。調味料って意味らしいです。

農繁期で忙しい時は5時に起きて、朝食前にまずお弁当を作ります。忙しくても、毎日4つか5つのおかずを作ります。かたづけながら、盛りつけながらの、ながらながらでなんとかね（笑）。

今日の豆あじは、近所の人が釣りたてをおすそわけしてくれた時に3枚におろして冷凍しておいたもの。和歌山は野菜も果物もとれるから、このへんはスーパーに行っても全部地元産なんですよ。

ケチャップ炒めは主人が好きで、よく入れますね。送りだしたら畑に行って、おひさまの出ているうちは農作業です。自分たちのお昼によく作るのは、きな粉のおにぎり。おじいちゃんとおばあちゃんと3人分、10分もあればできるから、そこにしそ漬け生姜とお味噌汁を添えて。

中はもちろん梅ですが、塩辛い梅ときな粉がよく合うんです。とくに夏の食欲のない時は、これがいちばん。食べたら必ず少し横になって、また畑に戻って仕事です。お休みは雨の日だけ。毎日がんばれるのは、やっぱり梅のおかげでしょうね。

はやし・あやこ／南高梅と同じ、生まれも育ちもみなべ町。林家の洗面所には梅酢がおかれ、水に薄めてのうがいが家族の習慣。おかげで風邪知らず。

俵に握ったおにぎりに、塩と砂糖少々を加えたきな粉をまぶしつける。青じそを巻いてもいい。

豆あじのしそ巻き揚げ

鶏肉の梅風味焼き

だし巻き卵

野菜とウインナーのケチャップ炒め
（ピーマン、玉ねぎ）

ゆでブロッコリー

梅マヨネーズ

キャベツ

サニーレタス

自家製梅干し

しそ漬け生姜

ごはん

林 綾子さんの
梅びしおの作り方

梅1キロぶんをまとめて作る人もいますが、私はちょっとずつをちょこちょこ作るやり方。梅干しは安梅で十分ですが、できれば無添加のもののほうが後に残るものがなくていいですよ。はちみつ梅を使う時は砂糖は加えず、テリが出る程度のみりんだけにしてください。

少量を作り、新鮮なうちに使いきってください。見かけは梅ジャム、砂糖がわりにも使えます。

1

梅干し5個を水でよく洗い、たっぷりの水に漬けてひと晩おいて、塩出しをする。

2

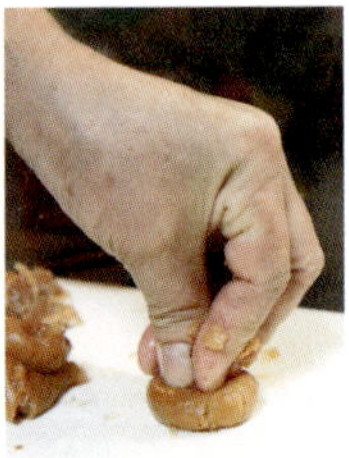

ふっくら戻った梅をまな板にのせ、親指、人差し指、中指の3本をぎゅっと押し入れて、種を握って取り出す。こうすると、きれいに種が抜ける。

3

種を抜いた梅肉を包丁でトントントンと細かく叩くように刻む。

4

小鍋に入れ、カレースプーン1杯程度（大さじ1杯弱）の砂糖とテリのためのみりん少々を加えて中火にかける。火が強すぎると焦げるので注意。小さめの泡立て器などでよく混ぜながら、テリが出て煮詰まったらできあがり。

梅びしおの使い方、たとえば今日のお弁当の場合。

だし巻き卵

卵にちょこっと混ぜて焼きました。卵焼きは毎日入れるので目先を変えたい時に。梅味にするのではなく、風味の違いを感じる程度です。

野菜とウインナーのケチャップ炒め

あらかじめケチャップと梅びしお少々を混ぜておいて、炒める時にからめれば味が均等に行き渡ります。

豆あじのしそ巻き揚げ

３枚おろしを２等分にし、切れ目を入れて梅びしおを塗ったところに青じそをのせ、巻いて爪楊枝でとめ、粉をつけて揚げます。

鶏肉の梅風味焼き

これは梅酢を下味に使っています。一口大に切った肉をくぐらせると色が変わり肉質も柔らかくなる。さっぱりして夏場にはぴったり。

梅マヨネーズ

マヨネーズに梅びしおを混ぜただけ。生の大根の千切りにもよく合います。

梅酒

去年は日本酒やブランデーでも梅酒を作ってみました。とくに日本酒のは絶品で、毎晩眠る前に必ず一杯。

しそ漬け生姜

夏に新生姜が出ると、自家製梅酢に漬けて毎年作ります。きれいな赤ピンク色に漬けるには、赤じそも梅酢でもんでから入れたりと、ちょっとしたワザが必要。もみ方は義母直伝。

包み布はおかずの色に合わせて選ぶ。デザイナー的に足りない色をカバーするにも重宝。

21

この感じ、レゴに似てるな。

白木良憲（30歳・ウェブデザイナー）

手がこんでるように見えるかもしれませんが、ゆうべのちらしずしのごはんの余りに、冷凍庫にたまたまあったうなぎと枝豆を解凍してのせただけなんです。ちらしずしは「すし太郎」を混ぜただけ。錦糸卵ぐらいは焼いて刻んで散らしましたが。

妻の実家で野菜を作っているのですが、たくさん届いた時は自然とつけ合わせも豪華になります。塩もみしたかぶときゅうりを梅酒とレモン汁少々で漬けた浅漬けは刻んだ梅の実入り。人参ナムルは生をごま油と塩で和えただけ。

野菜は、お弁当1回分を残して使うのがくせになっているので、冷蔵庫にはつねにいろんな野菜の切れ端がころころ。ゴーヤも蓮根もそこから選んで今朝調理したもので、切れ端を集めてカレーにすることもよくありますね。あるもので、さあ何を作ろうかというのが好きなんです。妻の実家からは、ヤーコンとか見たこともないビリジアングリーンの青菜とか、予期せぬ新種が届くことも多くて、それをどう料理するか考えるのもすごく楽しい。最近気づいたんですが、この感じ、レゴに似てるなと。

僕の親はプレゼントといえばいつもレゴで、子どもの頃からレゴでばかり遊んできました。サンプルを作るのでは飽き足らなくて、自分だけのオリジナルを作っていました。そこにある素材を試行錯誤して新しい形に創造する。料理と同じです。

詰める時も、レゴっぽいパキッとした色目にできると、おおっと思う。そぼろ弁当なら市松模様にしてみたり。ふたを開けた瞬間のしあわせな気持ちを大切にしています。

モロヘイヤと鶏肉のタイ風カレー

材料（4皿分）
鶏むね肉……1枚
モロヘイヤ……1束
なす……2～3本
パプリカ……黄・赤各½個
青唐辛子（赤唐辛子でも）……1本
（種を抜いて小口切り）
にんにく…… 1かけ（薄切り）
生姜……½かけ（すりおろす）
ナンプラー……少々
オリーブオイル、水、牛乳、
市販のグリーンカレーペースト
……各適量

作り方
1　鶏肉はそぎ切り、モロヘイヤはゆでてザク切り、なすは乱切り、パプリカは縦に細切りにする。
2　鍋にオイル、唐辛子、にんにくを入れ、弱火で炒める。
3　唐辛子の辛い香りがしてきたら、鶏肉、なす、パプリカを炒めてナンプラーをからめる。
4　同量ずつの水と牛乳を具がひたひたになるように加え、カレーペーストと生姜を混ぜ入れて煮る。
5　野菜が柔らかくなったらモロヘイヤを加え、ひと煮立ちで完成。

しらき・よしのり／1冊目の『私たちのお弁当』を友だちにプレゼントされたのがお弁当生活のきっかけ。疲れていても台所に立つと落ち着く。いまもレゴ好き。

カレーの日

十穀米ごはん
目玉焼き
青じそ
大根の梅巻き

モロヘイヤと鶏肉のタイ風カレー

かぶときゅうりの梅酒入り浅漬け

人参のナムル

ゴーヤのおひたし

蓮根の素揚げ

うなぎずし（うなぎ蒲焼き、
枝豆、錦糸卵、酢めし）

醤油

22

悩んでたどりついた私流"食育"。

山元禎子（34歳・主婦）

　幼稚園に通う息子のお弁当です。バランス的には失格ですが（笑）、内容にこだわりすぎて何もない時に困りはてた経験から、うちはドーンと一品ものでもいいやと最近ようやく肩の力が抜けました。食育というと自然食のイメージがあるけれど、親が自分もおいしいと思うもの、季節の食材をふつうに料理して食べさせてさえいれば、まちがいはないような気がします。

　鶏もも肉にねぎと生姜を加えてゆで、そのスープでごはんを炊いたチキンライスは私も息子も大好物。釣れた魚をその場でさばいて食べるような土地に育った私は、作りおきも保存食も苦手で、献立を考えるのも朝なら、ごはんを炊くのも朝なんです。何もなければ新鮮な卵とごはんのオムライス弁当でいいし、実際そのほうが子どもにもうれしいお弁当なんですよね。

　唯一、作りおきしているのがトマトソースで、これはだんなさんのお父さんが栽培した甘いトマトで作るのが最高なんです。にんにくスライスを漬けたオイルを別に作っておいて、調理の時に合わせるのがポイントなんですが、パスタに白身魚のソテー、何に使ってもおいしい。

　幼稚園の人気はやっぱりキャラ弁ですが、私は作りません。「ピカチュウおいしかった」ではなく、「おじいちゃんのトマトおいしかった」とちゃんと言ってほしいし、それが「いただきます」の気持ちにもつながると思うんです。出てきたものを何も考えずに食べるのではなく、料理を作った人や、食材を育てた人にまで、自然に感謝ができるようになってくれるとうれしいですね。

やまもと・よしこ／長崎の佐世保出身。チキンライスは結婚前に住んでいたシンガポールの思い出の味。息子の汰央（たお）君が生まれてから家族旅行で出かけ、本場の味を再確認してきた。

おじいちゃんのトマトパスタの日

トマトソース

（材料はすべて適量）

1　みじん切りの玉ねぎを炒め、ざくざく切った生トマト、またはホールトマト（缶詰）を加える。

2　ローリエを入れ、全体が半分ぐらいになるまで煮詰め、塩、こしょうで味をととのえる。多めに作って冷凍保存する（左）。

3　パスタのソースにする時は、2を温め、仕上げににんにくオイル（右）を加える。

にんにくのスライスをオリーブオイルに漬けた「にんにくオイル」。

シンガポールチキンライス

ゆで卵

イタリアンパセリ

シンガポールで見つけたゆで卵スライサー。かわいくて便利。

現地で買えるチキンライスの素を加えてゆでると、より本格的な味に。

汰央君の好物、ひと口ハンバーグも「にんにくオイル」で風味づけ。

23

食はその土地の旬の野菜ありき。

桑原玲子（38歳・農園勤務）

　焼きものに魅了されて益子に移住し、オーガニックカフェの先駆けである『スターネット』に3年勤務するうちに、野菜そのもののおいしさや、土地の素材に目を向ける豊かさに気づかされました。これはその頃のお弁当です。

　野菜はとれたてのものを道の駅で買い、調味料や乾物は全国の正直な良品をセレクトして扱う『スターネット』のショップで買っていました。会津若松の『平出油屋』の菜種油に出会ったのはその時。野菜と相性がいいのか、これで調理するとなんでもおいしくなるんです！　さらりとしているのにコクがあるから、バターがわりにお菓子に使ってもいいいんですよ。

　私のお弁当歴は15歳からで、母親が「自分でお弁当を作れないなら高校に行くな」という人でしたから、もう必死で作りました。卵焼きなんて得意中の得意。卵2個に対して、だし大さじ2/3、酒大さじ1/2、醤油小さじ1/3、砂糖小さじ1/2程度、塩ひとつまみ半が私の黄金の配合。計量スプーンが大好きなので（笑）、なんにつけても「私の配合《レシピ》」を持ちたいと考えているんです。

　いまは農園勤めで、出荷できないはぶきの野菜を大量にもらうのですが、その季節の旬の野菜ありきの食生活は以前と変わりません。あれが食べたいから必要な素材として野菜を用意する、のまったく逆で、この野菜があるからどう食べようかを考える日々。

　とにかくフレッシュなので、素材を生かし、なんでもむだなく食べきることを念頭においています。土まみれになりながら、おいしい野菜が毎日食べられる生活は、本当にしあわせと実感しています。

くわばら・れいこ／栃木・益子の『スターネット』を経て、現在は長野・佐久の有機農園に勤務。旅するギャラリー「桑原商店」主宰として、不定期で器の展覧会なども開催している。

だし殻むだなし農園レシピ

かつおとかぶの葉のふりかけ

1　かぶの葉をみじん切りにし、菜種油で炒める。
2　酒をまわし入れ、水分が飛んだらきび砂糖を薄くふりかけ、さらに炒める。
3　だしに使ったかつおぶしを刻んで入れ、再びきび砂糖を薄くふりかけて、炒める。
4　醤油をまわし入れ、焦げないように炒める。
5　白ごまをふり、ごま油をまわしかけ、なじんだら完成。

かぶと昆布の浅漬け

1　かぶはくし形切りか薄切りにし、葉は一口大に切る。
2　だしに使った昆布は葉と同じくらいの長さに千切りにする。
3　1と2をボウルに入れ、塩をふりかけてよくもむ。
4　しんなりしてきたら、醤油少々、七味唐辛子を好みで加えてさらにもむ。
5　味見をし、塩気が足りなければ塩を足して調整する。

おすすめ

国産菜種を石臼の重みだけでじっくり搾った『平出油屋』の菜種油。揚げ物をしてももたれない。いい仕事をします。

黒米と玄米のごはん
(菜の花と小女子の炒め物入り)

青のり入り卵焼き

人参のフライ

ひじき煮（油あげ、えのき茸、ごま）

油あげと椎茸の煮物

青じそ

いちごジャムパウンド

いちご

24

トマトソースの簡単変化術。

新井春衣（25歳・カメラマン）

　フリーのカメラマンですが、以前にある会社の専属だった頃は毎日お弁当を作っていました。これは、その時によくやっていたトマトソースのバリエーションです。

　まず、トマト缶2缶ぶんのトマトソースを作る。オリーブオイルでにんにくを炒め、トマト缶の中身を投入。くつくつ煮て塩こしょうで味をつけるシンプルなやつです。

　1日目はこれでボンゴレパスタ。白ワインで蒸したあさりとキャベツにトマトソースを加え、さっと煮るだけ。2日目は、トマトソースに玉ねぎ、ひき肉、ケチャップ、ウスターソースを加えたミートソースで、やっぱりパスタ。私、パスタが大好きなんです。

　3日目はオムライス。といっても、昨日のミートソース＋ケチャップ少々で炒めたトマトごはんに、ブロッコリー入りのオムレツをのせただけ。ブロッコリーはかぼちゃと一緒に蒸して、かぼちゃはそのままつけ合わせに。そして最後はやっぱりカレー。市販のルウにトマトソースを加えると、酸味がいいこくになるんですよ。らっきょうがわりの葉付きのかぶは、塩をふって少しおいただけです。

　カメラマンになる前、北アルプスの山小屋でごはんを作っていたことがあるんです。シーズンには毎日500人の登山者がやって来る。あるものをどう変化させていくかを考えるようになったのは、ヘリコプターで届く限られた食材の中で毎日の食事をやりくりしていたその仕事の賜物。変化って、楽しみになるんですよね。同じ調理法でも油を変えるだけで雰囲気の違うものになるし、山でたくさんのことを教わりました。

友だちと作っている「ピクニック部」部長。外で食べるとなんでもおいしい。

あらい・はるい／さいたま市に暮らし、地元の人々を撮り続ける「さいたまのカメラマン」。HP「ひかりがあればそこがスタジオ root sun!」は開設5年目。

4日目

塩ふりかぶ

黒米ごはん

残り物カレー
（じゃがいも、エリンギ、蓮根、人参、玉ねぎ）

トマトソースの
4日間

1日目

スパゲッティ

キャベツ入り
ボンゴレソース

2日目

スパゲッティ

ミートソース

3日目

ブロッコリーオムレツ
エリンギソテー
蒸しかぼちゃ
トマトソース
トマトごはん

25

ビストロ弁当は酸味が決め手。

湯阪圭介（32歳・団体職員）

車であるとか時計であるとか、ふつう男が好きそうなものにはあまり興味がなくて、それよりは料理とワイン。食べるのも作るのも大好きですね。とくにフランス料理が好きで、お弁当でもビストロ風のメインとガルニチュール（つけ合わせ）で、ビストロ弁当を気取ってみたりします。

今日のメインは豚肉のとろみ焼き。味は思いきり和食です（笑）。沸騰させた酒とみりんを水でのばし、三温糖、醤油、バルサミコ酢を加えて煮詰め、片栗粉でとろみをつけたところに薄切りの肉をていねいに広げて、低温で焼く。

僕は、動物性油脂が口にまとわりつくのがいやで、料理に酸味をきかせることが多いんです。酢は、いくら味を濃くしても出ない味の深みを出してくれる。マリネみたいに夜作っておけば時間がおいしくしてくれるものも多いからお弁当にもいいですよ。

ガルニチュールは、季節の野菜をチンして、だし醤油で洗うようにくぐらせたもの。青ものは朝やらないとみずみずしさがなくなるので、夜仕込むことはありません。今日のおかずなら、ゆうべはいもをゆでただけですね。これは「きたあかり」で、フランス産のフルール・ド・セル（塩の花）をふっただけです。

ポテトサラダもよく作りますが、僕の場合は、いもをゆでてつぶし、塩、砂糖、白ワインビネガーで味をつけておくところまでは夜やって、味がなじんだ朝にピクルス、ケイパー、マスタード、マヨネーズを混ぜ、塩でととのえます。お弁当箱に詰めてから、ゆで卵を刻んで散らしてもいい。黒こしょうをガリガリ挽いたら、できあがりです。

ゆさか・けいすけ／盛りつけにも一家言あり、大人数で店に行くと必ず料理の取り分け役をかって出る。フランスで自然派ワイナリーをめぐる旅をしたことも。

たこさんウインナーの日

ゆで卵のせポテトサラダ
たこさんウインナー
塩ゆでブロッコリー

たこさんウインナー（上等編）

（材料はすべて適量）

1　ウインナーを2等分し、切り口に十字に切れ目を入れる。
2　油をひかずに切れ目のほうを立てて焼き、焼き目がついたら転がしながら全体を焼く。
3　出た脂をペーパータオルでふき、白ワインビネガーをひとまわしして一度煮立たせ、白ワインも加えて同じように水分を飛ばす。
4　火を止め、フライパンを濡れぶきんにのせて熱を冷まし、ケチャップを加えてよく和え、タバスコ少々で仕上げる。

野菜のガルニチュール
（ししとう、オクラ、いんげん）

マスタード

ゆでじゃがいも（塩の花）

豚肉のとろみ焼き

ごはん

マスタード、ケイパー、
ピクルス。味のアクセ
ントになる食材は冷蔵
庫に欠かさない。

26

旅先で出会った味をもう一度。

黒田ひろみ（32歳・古着屋店主）

お弁当タイムは店を開ける11時前。ささっとすませます。とはいえ朝食は8時なので、じつはお弁当まで3時間もないんですけど（笑）。

年に数回赴く買いつけや、個人的な旅で行った外国の料理を再現するのが好きで、お弁当にもよく登場します。屋台やレストランで、何これおいしい！　と感動したらすかさず写真を撮って、帰国後、味の記憶をたどりながら試作を重ねます。

たとえばベトナムで味わった名物チャーカーラボン。雷魚の揚げ焼きなんですが、日本では雷魚は手に入らないので、同じ白身のたらで代用してみたところ、本場の味にかなり迫ることができました。

まだ訪ねたことのない国の料理をイメージしながら作る「想像料理」も楽しんでいます。本日のお弁当、「塩豚と野菜のナムル」は、いわば、くろだ風〝想像〟韓国料理と呼べるでしょうか。

まずは塩を塗った豚ブロック肉をぴっちりラップして、3、4日冷蔵庫において塩豚を作ります。これを1cm幅に切り、フライパンに油をひいて軽く焦げ目がつくまで焼きます。これに添えるのが目にもきれいな野菜のナムル。

細切りにし、軽く塩をふってしんなりさせたきゅうりとシャキシャキ感が残るくらいに湯通ししたもやし、細切りした人参それぞれに、塩・ごま油・七味をふってナムルにします。お好みでおろしにんにくや醤油を加えてもおいしいですよ。さきほどの塩豚と3種の野菜のナムルをごはんの上にのせたら完成です。この「おかずオンごはん」のどんぶりスタイルは、私のお弁当の基本型といえますね。

くろだ・ひろみ／旅する古着屋『caikot』店主。ひとり暮らしをする際に、料理上手の母親から渡された手書きのレシピ帳で、料理の基本をマスター。

ベトナムの味

チャーカーラボン

材料（2人分）

たら（切り身）……2切れ
にんにく……1かけ（みじん切り）
生姜……1かけ（すりおろす）
ヌクマム（なければナンプラー）……大さじ⅔
砂糖……ひとつまみ
ターメリック……大さじ1
小麦粉……大さじ1
長ねぎ……1本
ディル……4～6枝
サラダ油……大さじ2
A ライムの搾り汁……小さじ1
A ヌクマム（なければナンプラー）……小さじ2
A 砂糖……小さじ1
A 赤唐辛子（小口切り）……好みで
ミント、香菜、ピーナッツ……各適宜

作り方

1　たらは一口大に切り、にんにく、生姜、ヌクマム、砂糖を加えてからめ、さらにターメリックと小麦粉を加えてよく混ぜ、30分ほどおいて味をなじませる。
2　長ねぎは長さ4cmに切り、縦に2等分する。ディルは葉を外す。
3　フライパンに油をひき、中火で1を揚げ焼きする。表面が白っぽくなってきたら2を入れ、たらがほぐれないよう注意しながら混ぜ、火が通っていい色に色づいたらできあがり。
4　Aを合わせたたれをかけ、好みでミント、香菜、ピーナッツをトッピングする。できあがりは右写真。
＊本来はブンというお米の麺と一緒に食べますが、温かいそうめんやごはんでもおいしい。

ナムル(きゅうり、もやし、人参)

塩豚

ごはん

愛用のカマルグの塩とチェコで購入したミックススパイス。

27

夏はそうめん、海外では白ごはん。

ローゼン美沙子（37歳・ギャラリーオーナー）

実家の庭になる梅を母が梅干しに。毎年大きな瓶でたっぷりと届き、おかかと和えてごはんにのせたり通年活用。

自宅から自転車で5分のギャラリーに、夫と2人ぶんのお弁当をこしらえて通っています。夏は、毎日そうめん。以前、お弁当箱に保冷剤をあてたらごはんがどうにもマズくなって、冷やしてもおいしいお弁当を、とはじめました。

冷やし中華やうどんも試したんです。でも、時間がたつとだまになるし、小さなお弁当箱の中だとかき混ぜにくい。その点、そうめんはつゆをかければすっとほぐれるし、のどごしがいいので、お客さんが途切れた時に早く食べたい私たちにぴったりです。

めんは各種試して「揖保の糸」がベスト。1人1把分を『無印良品』のアルミのお弁当箱に敷き詰めます。アルミはプラスチックよりも冷えやすくておすすめです。

今日は、そうめん弁当の基本の具材を全部のせました。

海外イージー弁当

- 鮭フレーク
- シュウマイ
- ごはん

ろーぜん・みさこ／東京・大塚にてアートギャラリー『MISAKO & ROSEN』を運営。夫のジェフリーさんとお揃いのマグカップはアーティストからのプレゼント。

炊飯とおかずの保温が同時にできる「FUKAI 自分炊きライスクッカー」。炊飯器に無洗米と水を、付属の容器におかずをセットするだけ。日本と電圧が近いアメリカには必ず持参する。

そうめんの具のバリエーション。いりこだしをきかせた丸ごと1本なすの田舎煮、甘く煮たおあげとゆでわかめ。

青じそ、みょうが、生姜は必ず。ゆでた鶏ささみ肉は、叩いた梅肉を混ぜてさっぱりと。なすとエリンギはごま油で炒めて黒こしょうを少々。つゆをかけて食べるので塩はふらなくても大丈夫。しっかりと混ぜていただきます。

　つゆはストレートタイプをギャラリーの冷蔵庫に。330㎖を3日で使います。夫が好きなごまだれと交互に使い、ごまだれには豚しゃぶ、レタス、きゅうり。具材の組み合わせを考えるのも楽しいです。

　海外出張の時もお弁当を作ります。1・5合炊きの炊飯器とお米を日本から持参して。米を炊く蒸気でおかずの温めができて便利なので、缶詰の焼き鳥や『崎陽軒』の真空パックのシュウマイなどのおかずも持っていきます。長丁場のアートフェアでも、いつも通り過ごしたいですもんね。

ごまだれ

そうめんつゆ

錦糸卵

ゆでささみ肉の梅肉和え

青じそ

きゅうり

おろし生姜

エリンギとなすの
黒こしょう炒め

みょうが

そうめん

10年以上愛用する洋装用の割烹着は、これで3着目。袖があるので調理中に服が汚れず、いまでは手放せない。

28

シャキシャキ玉ねぎのオムライス。

百瀬晶子（33歳・フリー編集者、大学非常勤職員）

　以前在籍していた会社に入社した時から10年近く作り続けているので、朝起きたらまずはお弁当作りというリズムが、すっかり体にしみ込んでしまいました。

　今日は久しぶりのオムライス。おかずのピカタに油を使うのでごはんは炒めず、炊きたてに生の玉ねぎとケチャップを混ぜ合わせただけ。あつあつのところに入れると玉ねぎにちょうどよく熱が入り、シャキシャキした歯ざわりになるんです。お弁当箱に卵焼きを敷いてごはんをのせ、くるりと包み込んだら、ケチャップもかけて持っていきます。

　ワイン豚は最近のお気に入りで、仔豚の頃からワインを飲ませて育てるらしいのですが、免疫力が高まって肉質も柔らかくなるようなんです。味的には野生の味というのかな、こくがありますね。

　山梨にある両親の農園に近い養豚場で生産販売しているので、遊びに行った時にいろんな部位をまとめ買いして冷凍しています。今日のピカタはヒレ肉の薄切りに塩こしょうとドライタイムで下味をつけ、溶き卵にくぐらせて焼いています。オムライスの卵を少し残せば作れるので、ピカタはオムライスの時のおかずにちょうどいい。

　わが家のごはんは、七分づきの白米に黒米、紫米、緑米各大さじ1杯を混ぜて炊く、雑穀ならぬ雑米ごはん。両親が農園で作って送ってくれるのですが、朝、時間がない時はこの雑米ごはんと、ワイン豚入り野菜炒め一品だけというのも多いパターン。でも満足度はかなり高いですね。

　みょうがを酢、梅肉、砂糖で漬けた梅酢漬けは、箸休めにもいい夏の常備品です。

ももせ・あきこ／ギャラリー兼食事処の開店を夢みて9年勤めた出版社を退職。東京・谷根千あたりの下町で空家物件を探しながら、こつこつ準備中。

これもおすすめ

ワイン豚のハーブハンバーグ

材料（2人分）

ワイン豚のひき肉……100g
玉ねぎ（みじん切り）……20g
にんにく（すりおろす）……小さじ½
パン粉、牛乳……各小さじ1
塩麹（または塩）……小さじ½
ハーブ（タイム、ローズマリーなど）……少々
黒こしょう……少々
オリーブオイル……適量

作り方

1　パン粉を牛乳に浸し、ボウルにオリーブオイル以外の材料すべてと合わせて、スプーンでこねる。
2　同じスプーンで一口大に軽く丸めておく。
3　フライパンにオイルを熱し、2のたねを並べて成形しながら両面焼く。
＊オムライスの残りの卵を使って揚げ、メンチカツにしてもいい。

ベランダ産ハーブで作るオイルは炒め物やサラダの風味づけに。

具なしの味噌スープを毎日持参。だしに母のお手製味噌を溶く。

下ごしらえした材料をそのまま鍋に入れられる。取っ手付きが便利。

ワイン豚のピカタ
アスパラガスの塩ゆで
みょうがの梅酢漬け
オムライス
ケチャップ

鳥取を旅した時に食べた駅弁の器。赤いカニ型が楽しいので、友だちにお弁当を作る時に活用している。

29

手間こそ大事に、目標は祖母。

横山ひろみ（39歳・主婦）

お弁当は週2回の陶芸教室に通う時。料理が大好きなので、ついついはりきって腕まくりしてしまいます。

料理が好きになったのは、料理人の義理の兄がふだん作ってくれるごはんが格段においしくて、私も料理で人を喜ばせられたらうれしいなと思ったんですね。

今日の菜の花の昆布じめも義兄に習いました。塩ゆでした菜の花を、水でさっと戻した昆布に巻いて1日おいただけですが、ほのかな昆布風味がいいんです。義兄は「面倒なら昆布茶をかけてもええやん」とも言っていたけど、私はイヤ。手間は大事にしたいというか、なんでもちゃんとしたい性分なんですね。

豆腐がんもは、いつもは水きりした豆腐に、醤油味に炒めた人参、こんにゃく、ひじきとゆでた枝豆を混ぜるだけですが、今日はたまたまあった鶏のミンチも加えてみました。そこに醤油と片栗粉を足してよく練り、焼き目をつけたあとに少し水を入れて蒸し焼きにしています。

せりの和え物は生姜醤油、切り干しのサラダは、ごま油、酢、醤油、砂糖で味をつけています。おあげの巻き焼きは昨日のきんぴらを違う味で食べたい時におすすめです。

昔から食の仕事をするのが夢なんです。お店をするなら屋号も決まっていて、「なを屋」。なをは亡き祖母の名前です。私の味の原点は、やっぱり小さい頃に祖母が作ってくれたさばずしや、具だくさんのけんちん汁なのかなあって思うんですよね。忘れられないし、忘れたくない。祖母のような料理が作りたいとがんばっていますが、私はまだまだぶれてダメですね。

よこやま・ひろみ／食の世界を追求するために、薬膳の勉強もしている。移動販売のお弁当屋さんをめざした時期も。池波正太郎の食の随筆が好き。大阪在住。

春むすびの日

- 豆ごはんのしそむすび
- 桜の塩漬けむすび
- かつおぶしとチーズむすび
- こんにゃく甘辛煮
- ひょうたん卵

卵焼きをひょうたん型にするのに凝っていて、ようやく上手にできるようになった。焼きたてを巻きすで巻いて、写真のように菜箸をゴムで固定して少しおけば、ひょうたんのくびれができる。洗濯ばさみでつまめば、へたも作れる。

切り干し大根とふきのサラダ
油あげの巻き焼き（きんぴら入り）
菜の花の昆布じめ
せりと炒り卵とじゃこの和え物
豆腐がんも
青じそ

ふきの炒め煮
だし昆布の佃煮
玄米ごはん

30

お弁当でしまつを考える

みかんの皮も、ふりかけの素。

アズマ カナコ（34歳・省エネ生活研究家）

庭で２羽の烏骨鶏を飼っている。産んだ卵は全部で300個を超えた。

食材にしろなんにしろ、ふだんから「生かしきる」「ムダを省く」「あるものでなんとかする」ことをつねに意識しています。お弁当も同様で、おかずはまず、前の晩の残り物や家にあるもので何が作れるかを考えます。もう一品欲しい時によくやるのが、ごはんを炊く鍋で、じゃがいもや卵を同時にゆでること。時間と手間、光熱費を大幅カットできるんですよ。

常備菜や保存食は、お弁当作りにも役立っています。わが家には冷蔵庫がないのですが、佃煮にしたり酢や醤油で漬ければ、常温保存もできるんです。畑でとれた野菜を保存する時は漬け物にしたり天日干しで乾物にします。ゴーヤは佃煮にもお茶にもなるし、干した大根や人参は味噌玉やおかずに。冷蔵庫の代わりに、天日干しした乾物が棚に並んでいます。

ふつうなら捨てる部分も大事な食材。茶殻やとうもろこしの芯は、ごはんと炊き込めば味わい深いし、みかんの皮はふりかけ、かぼちゃの種を煮出せばほんのり甘いお茶に。

料理は煮る、焼く、蒸すなど、シンプルな調理法で十分満足していますが、食材を使いきることにかけては日々楽しみながら研究中です。近所のおばあさんの知恵をお借りしたり、自分で工夫するなどしていい方法を編み出した時はうれしくなります。

とはいえ、ご覧の通りの質素なお弁当。以前は、肉や揚げ物等、メインになるようなおかずが入ってないと物足りないとぼやいていた夫も、このお弁当を続けるうちにコレステロール値が正常値に。いまでは外食よりもお弁当のほうがいいと言ってくれています。

あずま・かなこ／冷蔵庫がないので、食材は小さなクーラーボックスで一時保存。肉や魚はその日食べるぶんしか買わない。東京・あきる野に暮らし、畑も耕す。著書に『昭和がお手本衣食住』『捨てない贅沢』他。

＼かき混ぜ不要／

じゃがいもで作る床漬け

材料

じゃがいも……300g
砂糖……150g
塩……100g
昆布、赤唐辛子……各適宜

作り方

1　じゃがいもは皮ごとゆで、柔らかくなったらつぶしてペースト状にする。

2　砂糖と塩を加え、好みで昆布や赤唐辛子を入れ、よく混ぜてから冷ます。

3　密閉容器に移し、ぬか床と同様、好みの野菜を漬け込んで冷蔵庫へ。ひと晩で食べられる。

＊最初は野菜を、水っぽくなったら肉や魚を漬ける。いも床は万能調味料として炒め物にも使えるので、むだなしです。

残った野菜もおいしく保存できるうえに、最後まで食べきれるのが魅力。秋〜春なら常温１週間、冷蔵庫なら２〜３か月保存可能。

夏の間は太陽光で水を温め、お風呂に利用。40℃くらいになる。

卵の殻は乾かして細かく砕き、研磨剤に活用。

いっぺんに

- おいもの煮っころがし
- ゆでたスナップえんどう
- 人参とごぼうのきんぴら
- ゆで卵
- 茶殻の炊き込みごはん

ひとつの鍋でいっぺんに、炊き込みごはんとおかず2品の下ごしらえをした幼稚園の長男のお弁当。ゆで卵はそのまま、火の通ったじゃがいもは手早く調味料にからめて煮っころがしに。きんぴらは昨日の夕ごはんのおかずで、スナップえんどうは庭でとれたもの。茶殻のごはんは、白ごはんにはそっぽを向く長男の好物です。

米を炊く鍋に、おいもと卵を入れて、いつものように炊くだけ。炊飯器でも同じようにできる。

味噌玉（味噌、切り干し大根、干しねぎ、かつおぶし）

すみずみまで

- プチトマト
- いんげんのごま和え
- 干しゴーヤの佃煮
- かぼちゃの煮物
- バランにした とうもろこしの皮
- とうもろこしごはん

ふつうは捨てるとうもろこしの芯や皮を、すみずみまで生かして作った夫のお弁当。芯からはいいだしが出るので、そぎ取った実と芯と塩をごはんと一緒に鍋に入れて炊き込み、とうもろこしごはんに。皮は1枚ずつ新聞紙にはさみ、重しをして乾かしておけば、バランとして使えます。

干しゴーヤの佃煮

材料

干しゴーヤ……1本分
(種とワタをとった薄切りを干したもの)

A
- 醤油……大さじ1½
- みりん……大さじ1
- 砂糖……大さじ2

作り方

1 干しゴーヤを水で戻す。

2 水気をきり、Aを加えて汁気がなくなるまで煮詰める。

＊細かく刻んだ梅干しの果肉か、生姜の千切りを少し加えると、苦みが抑えられて食べやすくなります。

皮は仕切り上手。ごはんの下にくぐらせるようにしてはさむ。

使いきる

みかんの皮も、だしをとったあとの煮干しも最後まで生かして作った自分のお弁当。ふりかけは、青のりや干しえびなどと、天日干しして粉末状にしたノーワックスみかんの皮をすり混ぜたもの。煮干しの佃煮は、醤油とみりん、砂糖で汁気がなくなるまで煮詰めて作る。おにぎりの具にも合います。

卵焼き

ゆでブロッコリー

ひじき煮（人参、大豆）

煮干しの佃煮

ごはん

みかんの皮のふりかけ
（干しえび、かつおぶし、煎りごま、青のり、塩）

ふりかけは青のりやごまなど、くせのない材料から混ぜ、味をみながら最後にみかんの皮の粉末を加える。

ごはんはおひつで保存。余分な水分を吸収し、冷めてもおいしい。

近所の畑に生えていた「ほうき草」でササラも手作り。

野良むすび

かぼちゃの種のお茶。煎った種を弱火で煮出す。

梅入り

ゆかり和え

かつおぶし醤油和え

週末に家族で畑仕事に行く時のお弁当。この日は自家精米した五分づき米にあずき、赤米、きびなどを入れて炊いた雑穀ごはんに、梅、ゆかり、かつおぶしの醤油和えを混ぜ込んでおむすびに。煮干しやゴーヤの佃煮が具になる時も。のりはおせんべい風にペタリ。

かぼちゃの種のお茶

自家製茶せいぞろい

左から玄米、レモンバーム、かぼちゃの種、ゴーヤ、柿の葉、どくだみ。基本は、洗う、天日干し、から煎り、の3ステップ。柿の葉は、ビタミンCを壊す酵素の働きを抑えるために蒸してから干す。

おむすびやお弁当の傷み予防に欠かせない自家製梅干し。

野良弁当

干したみかんの皮を燃やせば虫除けに。野良仕事の頼もしい味方。

週末のお弁当も作りおいた乾物を中心に手早く作ります。切り干し大根と人参は、近所の竹林で掘ったたけのこと一緒に調味料で煮ておいたもの。天ぷらにした畑のねぎ坊主と雑穀米の上に彩りよく飾れば「のっけ弁当」できあがり。

- ねぎ坊主の天ぷら
- たけのこの煮物
- 切り干し大根と人参の煮物
- 雑穀入り五分づきごはん

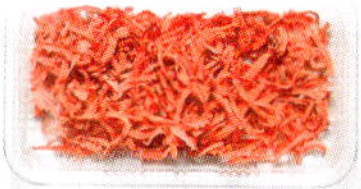

人参も切り干しにして保存。おかずの彩りが寂しい時に重宝。

左から、畑に蒔かれる日を待つあずきと大豆、にら、柿、ゴーヤの種。食べた果物や野菜の種も捨てない。洗って日陰干しで乾燥させたのちにポリ袋に入れ、冷蔵庫か冷暗所で保存している。

常温保存ができる日本の伝統的な調味料を選んでいる。

洗って何度も使えるシリコン製ラップ。『無印良品』を愛用。

31

ゆうべの鍋をチキンライスに。

田中 郁
（35歳・グラフィックデザイナー）

お弁当ってつくづくえらいなあ、と思い知るのは、やむをえず、お昼を近場のコンビニおにぎりなどでまにあわせた時ですね。お弁当のほうがすこやかな空腹感が訪れるのがずっと早い。野菜をたっぷり摂るからでしょうか、胃腸がてきぱき消化しているような体感がありますね。

料理は大好きです。義務ではなく趣味の領域です。たとえ仕事でぐったり、帰宅が夜遅くなっても、台所に立てば気持ちもしゃんとして、疲れが薄らぐんです。お弁当もたいてい夜作るので、夕ごはんは翌日のお弁当ビジョンを見すえて組み立てています。

登板率が高いのがトマトカレー鍋。鶏肉とコンソメスープの素でだしをとり、缶詰のカットトマト、醤油やカレーパウダーで味をつけ、きのこや野菜をぐつぐつと煮ます。

お弁当用には、この残りとごはんを炒めてチキンライス風に。フライパンで水分を飛ばすように炒めればいい具合に仕上がります。あとは作りおきのピクルスなどを詰めれば完成。所要時間10分。

ワクワク感もお弁当の醍醐味だと思うので「おたのしみサイドディッシュ」の研究も怠りません！　最近のヒット作はアメリカンドッグ。魚肉ソーセージに、やや固めに溶いた市販のホットケーキミックスの衣をつけて揚げるだけ。縁日みたいな気分で、容器もあえて簡易に、厚紙の卵パックにセットしてみたら、いい感じになりました。

じつはメインのお弁当も木の器にオーブンペーパーを敷いて、シリコンラップのふたをしただけ。洗い物を少しでも減らしたい、という思いで編み出したスタイルです。

トマトカレーチキンライス

材料（約４人分）
水……１ℓ
鶏もも肉……500g（一口大に切る）
ローリエ……２枚
コンソメスープの素（固形）……１個
カットトマト缶……１缶
ほうれん草、なす、蓮根、舞茸、しめじ等、最近食べていないなと思う野菜やきのこ類……各適量
油あげ……適量
カレーパウダー……大さじ３
ブルドッグソース、醤油、みりん……各少々
塩、こしょう、オリーブオイル……各適量
冷ましたごはん……お茶碗多めに４杯分

作り方
１　鍋に水、鶏肉、ローリエを入れ、中火にかける。
２　煮立ったら塩、こしょうをしっかりめにふり、スープの素、カットトマト、具材を入れて、ふたをして強火にする。
３　10分ほど煮込んでからローリエを取り出し、鍋を火からおろしてカレーパウダーを混ぜ入れる。
４　火にかけ直し、隠し味にソース、醤油、みりんを加え、ふたをせずに中火で10分ほど煮ればカレーのできあがり。
５　フライパンを熱してオイルをひき、ごはんとカレー400mℓほどを入れて炒め合わせる。
６　塩、こしょうをふって水分を飛ばすように中火でしっかり炒め合わせ、仕上げにフライパンのふちに醤油を少々まわし入れ、香ばしく炒めあげる。
＊油あげが具材のポイントで、鶏肉を油で炒めないぶん、仕上がりがしっとりとした味わいになる。ほうれん草のおひたしや白菜の煮びたしなど、和風のおかずとも相性がいいカレー。

たなか・あや／職場である「DRAFT」では、昼食と夕食時には、スタッフがゆっくりと食事がとれるように、外部からの電話は留守電のみの対応になる。

トマトカレーチキンライス
(鶏肉、舞茸、しめじ、油あげ)

パルメザンチーズ

ほうれん草のおひたし(ごま)

ピクルス(人参、ラディッシュ、
セロリ、カリフラワー)

レモン

魚肉ソーセージ入り
アメリカンドッグ

ケチャップ

32

松本家伝来 ”ぽんぽんごはん“。

マツモト ヨーコ（54歳・画家、イラストレーター）

かなりの偏食ですが食べるのは大好き。自宅が仕事場なので三食きちんと作って食べています。夜は軽めで、昼食がメインなので、週に1〜2度作るお弁当には前日の昼食の残りのおかずを詰めることが多いですね。でも、時々ふっと思い出したように作りたくなるのが、この”ぽんぽんごはん“なんです。

その名の由来はさだかではないのですが、わが松本家伝来のお弁当で、いわゆるだんだん弁当です。ごはん、のり、醤油をまぶしたかつおぶしにじゃこなんかを繰り返し重ね、いちばん上には錦糸卵を敷き詰める。祖母も母もよく作ってくれたんですが、たぶん、おかずがない時の窮余策だったんじゃないでしょうか。

でも、錦糸卵のおかげで、なんちゃってチラシずしみたいな特別感がありました。母の錦糸卵はかなり甘かったのですが、私は砂糖少々、薄口醤油ひとたらしに片栗粉をちょっと入れて焼いています。片栗粉を入れると、破れず上手に仕上がります。

祖母が作ってくれたお弁当で、もうひとつ懐かしいのが菜種卵入りのおにぎり。炒り卵を関西では菜の花にたとえて菜種卵と呼ぶのですが、それを具にする時だけはなぜかまん丸のおにぎりだったんですよね。ほかの具の時は俵型だったのに。のりも巻いていない真っ白のまん丸を食べ進めていくと、黄色い卵が出てくる。それがきれいでうれしかったですね。

ぽんぽんごはんの名前の由来も、菜種卵のまん丸おにぎりの理由も、母は知らず祖母だけが知っていたのに。聞きそこねたのが、いまは残念で仕方ありません。

まつもと・よーこ／お弁当は版画工房や趣味の乗馬のクラブに行く時に。両親ともに兵庫県西宮の出身で、どちらの祖母も”ぽんぽんごはん”を作っていた。

私のレシピ帖

雑誌や新聞で見つけた気になるレシピはふやせるファイルで保存。レシピを書いてくれた母親の手紙もそのままペタリ。

ぽんぽんごはん

（上から）
錦糸卵
味つけのり
ごはん
ちりめんじゃこ
味つけのり
かつおぶし
ごはん

15年来の愛用料理書と、そこに紹介されたレシピで作る関西風濃縮だし。和食のベースはほとんどこれで、何を作っても味に間違いがない。昆布、かつおぶし、干し椎茸をケチらず使う。関西なので醤油は薄口の「ヒガシマル」に決まり。

33

野菜嫌いの夫のために奮闘中。

関本麻美（30歳・会社員）

お弁当作りは、創刊当時の『クウネル』の連載に刺激されてはじめたんです。当初は学生で自分のぶんだけ、結婚してからは毎日ふたりぶん。

だんなさんは食べることは大好きなんですが、トマト以外の野菜が食べられないので、なんとか食べてもらえるように毎日奮闘しています。ツナや塩昆布でしっかり味をつければ箸ものびるようで、つい先日は塩でもんだセロリとささみの和え物もたいらげてきてくれて、しめしめ、ついにセロリまで来たぞと（笑）。

その反動か、自分のぶんだけ作ればいい時は、生野菜みっちみちのタコライスにしてみたりもしています。チリコンカンも自分で作るのでおいしいんですよ。

料理はまったくの自己流なんですが、だんなさんが毎晩早めに帰ってきて、昼夜ともに私のごはんを食べてくれるところをみると、おいしいと思ってくれているのかも。チキン南蛮も自己流で、塩こしょうと酒をふった鶏肉に粉をまぶして揚げ、醤油、みりん、砂糖、酢を煮詰めたたれにからめただけ。タルタルも、彼が生の玉ねぎを食べられないので、刻んだゆで卵をマヨネーズと混ぜただけです。

ごはんが上、おかずが下って、ヘンですか？　私は昔からこの順番なんです。おかず食いなので、ついおかずをメインにしてしまうのかも。種類も、これでも減ったぐらいで、前はもっといろんな種類のおかずを入れていたんですよ。でも、お弁当がきれいに詰められた時は何よりうれしいですね。疲れていても元気になります。自分が作るお弁当に元気をもらうって、ふしぎなんですけどね。

せきもと・あさみ／スカイツリーの見える家に暮らす。麦入りごはんは雑穀好きな妻と白米好きな夫の折衷案。お弁当は夕食後、キッチンを一度きれいに片づけ、リセットしてから作る。

チリコンカン

材料

牛肉（切り落とし）……150g（好みの量で）
玉ねぎ…½個（みじん切り）
にんにく（好みで）……適宜（みじん切り）
ミックスビーンズ缶……1缶（120g）
チリパウダー、クミンパウダー……各小さじ½
パプリカパウダー……小さじ1
固形スープの素（コンソメ）……1個
カットトマト缶……½缶
ケチャップ…大さじ1
塩、こしょう、サラダ油……各適量

作り方

1　鍋に油をひき、玉ねぎとにんにくを炒める。
2　玉ねぎがしんなりしたら牛肉を加え、色が変わるまで炒める。
3　スパイス、スープの素、ミックスビーンズを加えてさらに炒め、トマト缶とケチャップを加えて煮汁が半分になるまで煮込む。
4　塩、こしょうで味をととのえる。
＊タコライスは、ごはんの上に好みの野菜（レタス、水菜、ベビーリーフ、トマトなど）たっぷりとチリコンカンをのせ、パルメザンチーズとマヨネーズをかける。

タコライスの日

チリコンカン
パルメザンチーズ
野菜（レタス、水菜、プチトマト、ほうれん草）
マヨネーズ
麦入りごはん

麦入りごはん

青じそ

チキン南蛮

タルタルソース（パセリ）

プチトマト

ひじき煮（しめじ、蓮根）

人参と水菜とツナの和え物

ブロッコリーの塩昆布和え

夏のお弁当には家庭菜園で育てたしそを必ず1枚。保存は水に浸して。

パイレックスに２人分の野菜を入れて電子レンジでチン。それを塩昆布で和える一品はおかずの定番。人参、蓮根、なんでもおいしい。

34

仕切りはちくわの磯辺あげ。

山本かおり（48歳・保育施設勤務）

お弁当を作るのは、週2日。勤務先の保育施設で、子どもやお母さんと一緒に食べます。といっても、子どもたちはじっとしていませんから、あちこちに目を配りながら食べられるように、2段式のお弁当箱の1段分に、主食からフルーツまですべてを詰めるようになりました。

五角形の曲げわっぱは、珍しい形が気に入って夫に買ってもらったものですが、深さがあるのでおかずを重ねて入れられて便利です。ふだんから野菜をたくさん摂るように心掛けていて、近所の直売所をよく覗きます。今日のお弁当は菜の花を粒マスタードと醤油で和えてレモン汁を少々。かぶは塩もみをして、醤油、柚子の皮、刻んで干した昆布と和えています。蓮根つくねは、みじん切りにした蓮根と鶏ひき肉、溶き卵、醤油、みりん、片栗粉を練ってたねを作っておいて、朝はフライパンで焼くだけ。ちくわの磯辺あげは、ちくわを縦6等分に細長く切って揚げるのがポイントでしょうか。仕切りがわりにもなるんですよ。

お弁当のおかずは前夜の献立をベースに考えますが、玄米は、朝に土鍋で炊いています。吸収がよいと聞いてごましおをふって、梅干しも必ずのせて。今日の梅干しは父の友人のお手製です。

あとは、必ずひとつ、フルーツを詰めると決めています。今日は「いちご弁当」。フルーツがあると、ふたを開けた時に明るい気持ちになれるのがいいですよね。「うさぎりんご」もよく入れます。子どもたちが「それちょうだい」と手を伸ばしてきて、おかずのとりかえっこをするのも、お弁当の時間の楽しみです。

やまもと・かおり／横浜にある「りんごの木 子どもクラブ」に勤務。保育者として1歳児を対象とした親子クラスと2歳児のクラスを担当。趣味は庭の土いじり。

パンの日に持参するフルーツサラダ。メープルシロップを加えたヨーグルトで、果物や野菜を和える。

築地で購入したカゴは、野菜の買い出しに欠かせない。葉野菜を立てて入れられて、保存にも便利。

蓮根つくね
ちくわの磯辺あげ
梅干し
ゆでスナップえんどう
黒豆煮
いちご
あさつき入り卵焼き
かぶの柚子昆布和え
菜の花の粒マスタード和え
玄米ごはん、ごましお

すきまにぱらり！

詰め終わってすきまが気になる時は、瓶詰めで常備しているドライフルーツとナッツをぱらり。華やかさと栄養価がアップする。

35

「喫茶店のナポリタン」炒飯仕立て。

大島武宜（31歳・ミュージシャン）

音楽をやっていることもあって、お弁当作りもアンサンブルを意識しています。時にはアドリブも大事。レシピという"楽譜"とにらめっこすることももちろん必要ですが、閃きによる自由な素材の組み合わせも楽しみたい。

よく作る「たけちゃんライス」は、喫茶店のナポリタンの炒飯バージョンです。ケチャップだけではなかなか出せない「あの味」を再現しようと、あれこれ試すうちに、ふと閃いたのが市販のミートソースの素を加えることでした。

肉だんごは油で揚げるのでなく、さっとゆでてフライパンで焼くほうが油っこくなく好みです。ごぼうと人参のマヨネーズ和えは「千切り」が鍵。ごぼうなら繊維を断ち切る方向を意識しながら千切りをします。こうすると、ふわっとした仕上がりになり、味

肉だんごの日

おおしま・たけのり／弁当箱は『ボダム』のもの。愛用中のハードシェルリュックの底にぴったり水平に置ける絶妙のサイズなので、ごはんが片寄る心配なし。

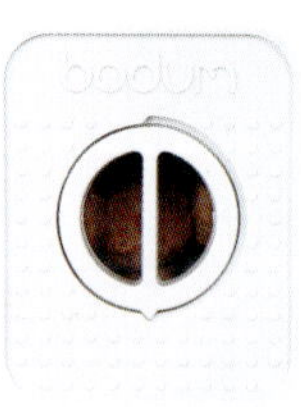

肉だんご

材料（2人分）

ねぎ、人参……各½本
生姜……少々
A
- 鶏ももひき肉…… 300g
- 酒……大さじ1
- 片栗粉…… 小さじ1
- 塩……適量

たれ
- 酒、醤油、「ウェイパァー」……各適量
- 水……½カップ
- 水溶き片栗粉……大さじ2
- 酢（好みで）……適宜

作り方

1　ねぎ、人参、生姜をみじん切りにし、Aと合わせ、手でよくこねる。
2　だんご状に形をととのえ、沸騰したお湯でさっとゆでる。
3　フライパンにごま油（分量外）をひいて2を焼き、おいしそうな焼き目をつける。
4　たれの材料を合わせて加え、肉だんごにからませて仕上げる。
＊「ウェイパァー（味覇）」はペースト状の中華だし。

なじみがよくなるんです。

　不定期開催している、音楽と弁当の祭典「ハーモニーピクニック」では、音が小さめの楽器と、ひとり一品を持ち寄ります。いわばサウンドと味のセッションイベント。

　僕のイチオシの一品はチャーシューサンドイッチ。チャーシューは、タコ糸で縛った豚の赤身ブロック肉に塩麹を塗って6時間ほど冷蔵庫でねかしたあと、オーブンで焼きます。鍋で長時間煮込むよりも、手早く簡単に作れますよ。

　これにパンと野菜、調味料を用意し、現地で各自好きな具をはさんで食べてもらいます。ピタパンにマヨネーズとからしを薄く塗り、チャーシュー、トマトをはさんで。まさしく、味の多重奏。組み合わせによって変化する、七色のハーモニーも楽しめるというわけなんです。

たけちゃんライスの日

デコポン

ナポリタン風炒飯
（アスパラガス、
ベーコン、玉ねぎ）

目玉焼き

たけちゃんライス

材料（2人分）
玉ねぎ……1個
アスパラガス……2本
ベーコン……4枚
にんにく……1かけ
ごはん……お茶碗2杯分
バター……適量
A 「Rumic」ミートソース用……1袋
　塩、こしょう、ケチャップ
　……各適量

作り方
1　玉ねぎは粗めのみじん切り、アスパラガスは斜め切り、ベーコンは3㎜ぐらいに切る。
2　にんにくをみじん切りにしてバターで炒め、いい香りがしてきたら玉ねぎとベーコンを入れて炒める。
3　ごはんとアスパラガス、Aを加え、全体が均一になるまで混ぜながら炒める。
＊お好みで刻んだパセリや目玉焼きをトッピングしてください。

おすすめ

本来はひき肉と玉ねぎで作るミートソースの素。たけちゃんライスはもちろん、「喫茶店のナポリタン」を再現したい時にも威力を発揮。

僕の
ハーモニーピクニック弁当

組み合わせで変わる味のハーモニーをみんなで楽しむお弁当。サンドイッチだから他の人の持ち寄り料理を閃きではさむという“アドリブ”も大歓迎。脇を固める野菜は、色、味わい、歯ごたえを考慮して選別。ピタパンは天然酵母で仕込み、フライパンで焼いたもの。

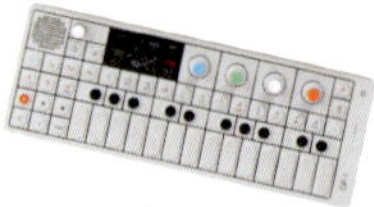

手作りピタパン

サンドイッチ用パン

からし

クレイジーガーリック

醤油

マヨネーズ

煎りごま

にんにくペーストの作り方

皮ごと約8分焼いたにんにくの皮をむき、つぶしてペーストにする。

トーストしたパンの中央を麺棒で押せば1枚で上手にサンド可能。

- たこじゃが炒め
- ゆでアスパラガス
- きゅうり
- 紫玉ねぎ
- トマト
- 空心菜の新芽
- にんにくペースト
- チャーシュー

たこじゃが炒め

材料（３人分）
ゆでだこ……200g
じゃがいも……３〜４個
パセリ、マヨネーズ、にんにくペースト、塩、オリーブオイル
……各適量

作り方
1　ゆでだこを一口大の乱切りにする。
2　じゃがいもを丸ごとゆで、皮をむいて一口大に切る。
3　フライパンにオイルをひき、2に焼き目をつけるように炒める。
4　1、パセリ、調味料を加え、混ぜながら軽く火を通せばできあがり。

36

色合わせも楽しいまぜごはん。

植草美希（31歳・管理栄養士）

　仕事先では入院患者さんの食事を担当していて、毎食、きめ細かい指示に沿って調理をします。自分用のお弁当はというと、「好きなものを色とりどりに」「手間をかけない」がモットー。大の酢めし好きで、この、ほんのり酢が香るまぜごはん弁当は定番中の定番です。ちっとも食べ飽きないし、ごはんと具の色の組み合わせをあれこれ変えて作るのがまた楽しい。

　酢めしにするなんて面倒と思うかもしれませんが、私は市販のすし酢を使っているので、ごはんにかけて混ぜるだけ。こんなに簡単にできちゃうんだって、初めて使った時は目からウロコでした。

　具材は季節によっていろいろ。冷蔵庫にあるもので工夫します。今日は焼き鮭のアラほぐしがメイン。ふつうの切り身もいいんですけど、アラ

＼色ちがいごはん！／

ほとんど同じ具材でも、ごはんを白米にするだけで、がらりと印象が変わる。

白米のまぜごはん
（焼き鮭ほぐし、炒り卵、オクラ、きゅうり、青じそ、レタス、生姜、ごま）

うえくさ・みき／病院に勤務し、調理を担当。念願だった管理栄養士の試験に合格し、仕事に励む日々。プライベートでは、ヨガにはまっている。

酢めしと食べるとなおおいしい常備菜、新生姜の甘酢漬け。谷中生姜でもOK。

とかハラスとか、脂ののった部位だともっとおいしい。骨が多いから、ほぐすのだけはていねいにします。急ぎの時は市販の鮭フレークでも十分。鮭のピンク色とよく似合う炒り卵も外せないですね。フライパンで鮭を焼いた時に出る脂で炒ります。鮭の塩分が強いので、卵の味つけは砂糖だけにしています。

　あとは、緑色の野菜や薬味を思いつくままに切っては混ぜて。酢めしの効果で、アボカドのように変色しやすいものでもきれいな色のままです。生姜は必ず入れたいですが、生のものを切らした時は、新生姜の季節に仕込んだ甘酢漬けが救世主。スライスした生姜をすし酢と一緒に瓶に詰めておきます。具のバリエーションは無限。でもついつい、いちばん好きな鮭ごはんばかり作っちゃいます。

黒米のまぜごはん
（焼き鮭ほぐし、炒り卵、
枝豆、きゅうり、青じそ、
生姜、ごま）

キウイフルーツ

梨

37

大豆七変化！　台湾式菜食ランチ。

王 琳元（28歳・会社員）

11歳からベジタリアンです。故郷の台湾では両親が「台湾素食」（台湾の菜食主義料理）の店を営んでいました。とはいえ、実際私がベジタリアンになったのは家族で南アフリカに越してから。その後、19歳の時に日本の大学で学ぶために単身で渡日しました。

日本に来て驚いたのはアフリカ以上に外食に苦労したこと！　日本は仏教の国だからどこでも精進料理が食べられると思い込んでいて（笑）。

台湾素食では肉魚はもちろん、五葷《くん》（ねぎ、にら、にんにく、らっきょう、あさつき）を一切用いずに料理しますが、普通食にひけをとらないメニューのバリエーションがあります。頼りになるのが大豆製品で、とくに豆乳は常時ストック。スープやホワイトソースなど料理にはもちろん、豆乳に生姜と黒砂糖を混ぜて煮立てる生姜湯は大好物です。ソイミート（大豆たんぱく）も酢豚、トンカツ、ハンバーグなど肉の味や歯ごたえをほぼ再現できる便利な食材ですね。

お弁当によく持っていくハンバーガーの中身も、ソイミートで作ったハンバーグ。これにスライスしたアボカドとトマトをはさめば本物そっくりの食べごたえに。マッシュしたポテトに人参やきゅうりを混ぜてバターで焼いた〝じゃがいものお好み焼き風〟を添えれば腹持ちもいいんです。

バンズの蒸しパンも手作りなのですが、これを蒸す時に活躍するのが「大同電鍋」という台湾の電気鍋。炊飯、蒸し物、煮物もこれ一台で調理ができる、台湾人なら誰でも持っている万能鍋です。頑丈なのも取り柄で、私が持っている鍋は20年前のものですがまだまだ現役なんですよ。

おう・りんげん／菜食のおかげか、これまでお見舞い以外で病院に行ったことがない。朝6時に開店する朝食専門の台湾素食店を開くという夢に向かって奮闘中。

母の手作りラー油。料理の仕上げ、香りづけに欠かせない。

チャーハンも蒸しパンもおまかせ！　台湾の国民的家電「大同電鍋」。

肉の歯ごたえをみごとに再現する、大豆のお肉、ソイミート。

酢豚（ソイミート、パイナップル、ピーマン、かぼちゃ、赤パプリカ）

玄米チャーハン（ソイハム、人参、油あげ、グリンピース）

月餅

蒸しパンバーガーの日

じゃがいものお好み焼き風（人参、きゅうり、えのき茸）

蒸しパン

アボカド

ソイミートのハンバーグ

トマト

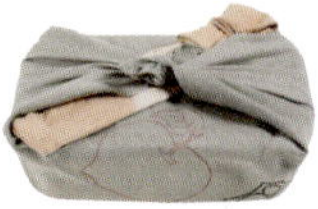

38

ストウブ鍋で台所燻製。

黒川紗恵子（34歳・ミュージシャン）

夫のお弁当を毎日作っています。夕食のおかずがほぼスライドするので、お弁当を見れば、うちの食生活が丸見え。たとえば今回のお弁当には上京した両親をもてなすために昨日開いた「燻製パーティー」のなごりが漂っています。

『ストウブ』の鍋なら意外と簡単ですよ、燻製。鍋底にアルミホイル、チップ、脚付きの網、オーブンシート、食材の順に置いていって、火にかけるだけ。こつといえば、早いうちからふたを開けたくなる衝動を抑えることくらい。煙が逃げないよう15分くらいはじっと我慢の子で。その後、ふたを開け、火が通っているか、燻製の度合いが自分の好みに近づいているか、チップを補充したほうがいいかなどをチェックします。短時間で燻すので長期保存には耐えませんが、香ばしい風味はばっちり堪能できますよ。

関西出身なものでお好み焼きだってお弁当にします。お手本は、子どもの頃から食卓に上がっていた、母のお好み焼き。小麦粉とだしを同量、人数分の卵を割り入れ、だしの3分の1くらいの山芋を加えます。ここにキャベツを入れ、水や小麦粉、だしを足しながら、ヘラですくうとボテッと落ちるくらいの粘度に調整します。キャベツはできるだけ細い千切りにする、肉は豚バラが関西風の基本ですね。

母の味といえば、毎年3月、実家から送られてくるイカナゴの釘煮もそのひとつ。ごはんにのせてもいいし、卵焼きに入れればほどよい塩辛さになります。大量に送られてくる上、冷凍すれば1年はもつので、翌年のシーズンまで余裕十分、お弁当の指定席をつねに確保しているんですよ。

くろかわ・さえこ／実家がある兵庫の郷土料理、イカナゴの釘煮の新しい食べ方を研究中。意外だったのは、母から教わった「イカナゴのせピザトースト」。

ただいま燻製中

ハタハタ

はんぺんのチーズはさみ

手羽先

燻製する時間はハタハタ約20分、はんぺん約10分、手羽先約30分（目安）。火が通っていれば食べられるので、あとは好みの燻製度合いになるよう微調整。桜のチップを使うことが多いけれど、チップによって香りが違うので、いろいろ試しながらブレンドしている。

はんぺんのチーズはさみ燻製

手羽先の燻製

ハタハタの燻製

レタス

トマト

母の手製のイカナゴの釘煮

十二穀ごはん

お好み焼きの日

マヨネーズ
オタフクソース

お好み焼き

薬味セット
（青のり、天かす、かつおぶし）

人参の塩麹和え

裁縫も大好き。お弁当箱の包みも手ぬぐいを切って縫った手作り。

39

泥付き野菜に触れてリラックス。

妹尾かを里（31歳・弁護士）

この仕事に就いてから毎日午前様の忙しさだったのが、不況で時間に余裕ができ、それを機会に食生活を見直そうとお弁当生活をはじめました。

帰宅が遅くなっても、必ず台所に立って準備をします。つらいどころか、パソコンや紙の山に囲まれて頭ばかりを使う仕事なので、眠る前に少しでも食べ物に触ることがリラックスになるんです。

食材は無添加無農薬のものを宅配でとっています。届くのは休みの土曜日なので、青ものはまとめてゆで、ひき肉はそぼろや肉味噌にするなどの処理をして冷凍します。泥付きの野菜を洗うひと手間も、私にはストレス解消。

もともと裁縫とか、家の中のことをこちょこちょやるのが好きなんです。弁護士の仕事はいつも見えない大きなものと戦っている感じで、正解が見えないところがある。それにくらべて料理も裁縫も目の前で実際にものができていくから、達成感がリフレッシュになるんだと思います。

買い物に行けるのも土日だけなので、鮮度が大事な魚をおかずにできるのは月曜日だけ。今日のぶりもゆうべ残しておいた1枚で、朝、照り焼きにしました。きんぴらをしたのも今朝ですが、こんなふうに焼き物と炒め物がかぶる時は、卵焼き器をフライパンがわりに使ったりします。

道具好きの試したがりやで最近のヒットはフードプロセッサー。レパートリーが広がって、最近は皮から手作りするキッシュにも凝っています。お弁当を続けるこつがあるとすれば、好きなものだけ入れること。そうすればお昼が楽しみになって、明日もまた作ろう、そう思えるんです。

せお・かをり／食の好みも同じ夫とふたり暮らし。野菜は『Oisix』の宅配を利用。お弁当の彩りにも気をつかっている。弁護士業の専門は金融と事業再生。

『有次』で集めた型。ゆで人参などをくりぬき、彩りに添える。

『野田琺瑯』の小鍋は卵1個ゆでたり、少量の野菜を煮るのに便利。

さつまいものきんぴら

材料

さつまいも、バター、砂糖、醤油、黒ごま……各適量

作り方

1　さつまいもを皮ごと細切りにし、水にさらす。

2　バターを溶かしたフライパンに、水をよくきった1を広げ、あまりいじらないように火を通す。

3　砂糖と醤油各少々を全体にまわしかけて、さらに炒め、汁気を飛ばしてから黒ごまをふる。

きゅうりの生姜漬け

さつまいものきんぴら(黒ごま)

ぶりの照り焼き

青じそ

梅干し

ごはん

40

毎日欠かせない平飼い鶏の元気卵。

野口かつや（32歳・美容師）

鏡も席もひとつだけ。鳥の声を聞きながらリラックスできる空間。

朝は、おにぎりを握ることからはじまります。

お米は夜といで炊飯器のタイマーをかけ、炊きたてのあつあつを握ります。もう何年もやってることだから、熱さにも慣れました。とりたてて特徴のないふつうのおにぎりだと思いますが、食べやすいように少し平たく握るのが工夫といえば工夫でしょうか。

東京で美容師をはじめた頃は、1合を大きな1個に握って持っていっていた時代もあります。とにかく時間がなかったんですね。いまは3つか4つ、雑穀を入れて炊いたごはんを三角に握ってのりを巻く。自分に余裕が出てきたというのもあるし、何しろここは、時間の流れ方が東京とは全然違いますからね。

少し前に益子町に移住して小さな店を開きました。わけあって妻はまだ東京にいて、時々来ては、ひじき煮とか野菜の南蛮漬けとか、おかずを作りおいてもくれるんですが、僕も料理は嫌いではないんです。晩に作ったおかずの残りが翌日のお弁当のおかず。ゆうべは煮物でしたから今日のお弁当はまっ茶色、こんな地味なものを見せて、本当に大丈夫なのか心配です（笑）。

益子周辺には意識が高い生産者の方がたくさんいらして、簡単に料理するだけでおいしい上質な食材が身近にあるのは本当にうれしい。なかでもお弁当にないと落ち着かないのが卵です。

もともと卵好きですが、隣の市貝町の「ひのき山農場」の平飼い有精卵を食べて、さらに欠かせなくなりました。昔の卵の味っていうのかな。黄身の色も弾力も違う。ゆで卵か卵焼きのどちらかにして毎日持っていきます。

「ひのき山農場」の卵は割った時の広がり方からして弾力が違う。

『スターネット』特製の野草茶がお弁当の友。熱い一杯をお客様にも。

のぐち・かつや／栃木・益子の『スターネット』敷地内で「オーガニックヘアサロン」を営む。取材時は離れて暮らしていた妻も現在は同居、一緒にサロンを切り盛りしている。

お弁当はサロンの片隅のお茶コーナーに。手が空いた時に少しずつ食べる。

りんご

ゆで卵

きゅうりのぬか漬け

ひじき煮（大豆、人参、ちくわ）

いかと根菜煮（里芋、ごぼう、人参、こんにゃく、いんげん）

雑穀おにぎり（梅・昆布）

きれいな紙ナプキンがあるだけで、おなかだけでなく気持ちも満足。

41

「ここいちばん」のおいなりさん。

大藤留衣（29歳・会社員）

その日の状況によって作るお弁当パターンをいくつか用意しています。急いでいる時は5分で作れるホットサンド。お給料日前に節約したい時はわずかな材料費でできるケーク・サレ。材料を混ぜて型に流し、オーブンに入れるだけ。お金も手間もかかりません。

おいなりさんは、「さあ明日はがんばるぞ！」と自分を奮い立たせたい時のお弁当。子どもの頃から、運動会や試験の日など、ここいちばんの時のお弁当は、母手製の大きなおいなりさんが3つ、と決まってました。当時の「特別感」がいまもどこか残っているんでしょうね。

大藤家のおいなりさんは、甘めで味しっかり、中身ぎっしり、大きさどっしりです。

高校時代、私のお弁当をのぞいた友人が、その大きさに驚いてましたっけ。私も母のおいなりさんがふつうだと思ってたので、初めてできあいを買った時、あまりの落差に愕然としました（笑）。

砂糖はきび砂糖、酢は「富士酢」。お酒は自分で飲むために常備しているいいお酒を使っています。おあげは、地元のお豆腐屋さんの手作りのもの。

母のおいなりさんは、あげと酢めしというオーソドックスなものですが、私はごはんにハト麦やキビを炊き込んでみたり、具として夕食の残りのひじき煮や焼き魚をほぐして混ぜ込むことも多いですね。とくに焼きさばとすだちはベストマッチで、これを具にしたものは大好物なんです。

ただ母とまったく同じ手順をふんでいるはずなのに、どうしても見た目も味も負けている。母のおいなりさんの域に到達するには、まだまだ年季と修業が必要みたいです。

おおふじ・るい／社会人になった年に職場の仲間がくれた誕生日プレゼントが曲げわっぱ。前から欲しくて、毎月100円ずつ貯めて買おうとしていたから大感激！

手間いらずのケーク・サレ

材料（パウンド型1本分）
薄力粉……100g
ベーキングパウダー……小さじ1
卵……2個
豆乳、ヨーグルト……各大さじ4
プチトマト……小約8個（2等分）
アンチョビ……3切れ（刻む）
チーズ、塩、こしょう、オリーブオイル……各適量

作り方
1　薄力粉とベーキングパウダーを合わせてふるい、塩、こしょうと混ぜておく。
2　卵をよく溶き、豆乳とヨーグルトを加えてよく混ぜる。
3　1と2をざっくり混ぜる。
4　オリーブオイルを塗ったパウンド型に3を流し込み、途中でプチトマト、アンチョビ、チーズをバランスをみながら混ぜ入れる。
5　オーブンを180℃に温め、約40分焼く。

ケーク・サレの日

フランス語で「塩味のケーキ」という意味。惣菜パンのようなもの。

おいなりさん（ひじき、糸こんにゃく、人参）

おいなりさん（桜えび、青じそ、ごま）

卵焼き

青じそ

さわらの西京焼き

蓮根と人参の甘酢漬け

みかん

大藤家のちょっと甘めの
おいなりさん

材料（10個分）

油あげ……5枚
だし……3カップ
醤油……大さじ6
砂糖……大さじ5
酒……大さじ3
みりん……大さじ4
米……2合
酢……大さじ3
塩……小さじ1

作り方

1　油あげは半分に切って開き、油ぬきをし、水気をよくきる。
2　鍋に、だし2カップ、醤油、砂糖、酒各大さじ3を合わせて火にかけ、煮立ったら1を入れて弱火にする。
3　落としぶたをして煮ふくめ、汁が3分の1ほどになったところで残りのだし、醤油、砂糖を加え、汁気がなくなったらみりんをまわしかけ、少し煮て火を止める。
4　粗熱がとれたら冷蔵庫へ。ひと晩ねかせれば、さらに味がしみる。
5　ごはんを気持ち硬めに炊く。酢と塩を合わせ、炊きたてのごはんに切り混ぜる。青じそやごま、ひじき煮や干し椎茸を甘く炊いたものを混ぜてもよし。
6　おあげに5を詰める。

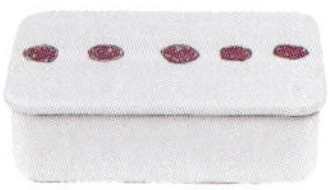

42

あるとうれしい、甘じょっぱ味。

野中真美（40歳・病院勤務）

　はちみつバターチキンはトースターで作れるんですよ。塩こしょうした鶏の手羽元を、はちみつ、醤油、酒の合わせだれに漬けて冷蔵庫でひと晩おきます。朝、クッキングシートをのせたトースターの天板に鶏肉を並べて、それぞれの肉の上にバターをのせ、15分ほど焼いています。ひと晩漬けているから中までしっかりと味がしみ渡っていて、お弁当向きなんです。

　甘じょっぱい味にバターの風味がすごく合うので、バターはたっぷりめ。鶏肉はおいしいし安いし、ほんとありがたい。だからお弁当も鶏メニューが多いんです。

　栗おこわは栗が出回る時期になると真っ先に作りたくなります。栗の皮むきが手間ですが、いつものお弁当に季節を感じる素材を取り入れるのっていいものですね。だしが出て味がよくなるから鶏肉も入れています。栗は熱湯に浸してから鬼皮と渋皮をむき、グリルで焼けば、栗の甘味も増すし、香ばしさも加わってさらにおいしくなる。味つけは、だし醤油と酒少々で。鉄鍋でもっちり炊きあげました。

　だし醤油はいろんな料理に役立てています。アスパラガスの焼きびたしと煮卵も味つけはこれで。アスパラガスは前日の夜にトースターで焼いて、熱いうちにだし醤油、酒、塩、水をひと煮立ちさせた汁に漬けて朝までおくと、味がきちんとなじみます。

　お弁当を作りながら、ふと思い出すのは子どもの頃に母が作ってくれた地味な茶色っぽいお弁当。当時は友だちに見られるのが恥ずかしかったけど、いまでは茶系弁当のおいしさを実感しているんです。

のなか・まさみ／夫と幼稚園に通う娘、2人ぶんのお弁当を毎日作っている。献立に悩んだ時には、枝元なほみさんの料理本のページを開くことが多い。

栗と鶏肉のおこわ

材料（2人分）

もち米……1合
栗（生）……10個
鶏もも肉……1枚
A
- だし醤油（めんつゆでも）……大さじ1
- 酒……大さじ1
- 水……1カップ

作り方

1　もち米をとぎ、1時間以上水に浸ける。
2　栗は熱湯に1時間以上浸け、皮をむく。
3　2をグリルかトースターで焼いて焦げ目をつけ、手で3〜4つに割る。
4　鶏肉は皮をはいで一口大に切る。ここまでは夜のうちにやっておく。
5　鍋にもち米、鶏肉、栗、Aを入れて強火で熱し、沸騰したら弱火で13分炊いて、蒸らす。

おすすめ

香川『鎌田』のだし醤油は、おこわや煮卵の味つけにと大活躍。

はちみつバターチキン
アスパラガスの焼きびたし
煮卵
栗と鶏肉のおこわ

43

お弁当でセーブタイム、セーブ体力。

山本明子（32歳・画家、公務員）

絵を描きながら、月の半分は某中央省庁の意匠課で調査員の仕事をしています。体が弱いから、夜は入念なストレッチをして10時には寝ることにしているのですが、画業と勤めのほかに製本や銅版画も習っているから、とにかく時間が足りないんです。

弁当生活はまだ半年のペーペーですが、昼休みに外食するより効率がいいし、デスクで食べて休憩室で昼寝という体力温存スタイルがようやく定着してきたところ。

基本的には前日の晩ごはんと同じ献立です。多めに作って、それをそのまま詰める。高知に住む母親が育てた野菜を送ってくれるのですが、先日は母親の友だちが釣ったという鯛も入っていたので、今日はそれを塩焼きにしました。実家は目の前が海なので、兄が釣った魚もよく届くんです。

玄米の日

ひじき煮（油あげ、にら）

スナップえんどうと塩炒り桜えびの和え物

玄米あずきごはんの卵チャーハン（ねぎ）

やまもと・あきこ／意匠を扱う勤め先には美大卒の面白い人材が集まる。隣の席のハヤシさんとは勤務中におしゃべりしすぎて席を離された。まるで学校。

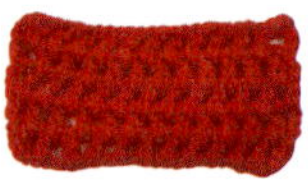

これもハヤシさんが編んでくれた。食器洗い用のメリヤス毛糸たわし。

高知のおばあちゃんが折って送ってくれるチラシのゴミ箱。

会社の隣の席のハヤシさんにもらった時々鳴らないタイマー。

まぜごはんには、パスタソースとして生クリーム、ローズマリー、塩こしょうで炒めてあったひき肉と、塩もみきゅうりを入れました。肉はピリ辛にしてもおいしいと思う。ごはんは白米と玄米を交互に食べています。

　サラダに入れたせりは、じつは庭に埋めた生ゴミが根づいてしまったものなんです(笑)。狭いけど庭つきの借家で、夏の夜はひとりビアガーデンと称して、庭にテーブルを出して飲んだりします。2軒長屋なので時々お隣さんも誘って。家のお隣さんもいい人で、お弁当袋を縫ってくれたのもじつは彼女なんです。

　そんなふうに話が合う友だちとたまに一緒においしいものを食べる時間があれば、人ってなんとか生きていけるのかな。体が弱くても、私、食べることは大好きですから。

焼きトマト

大豆としめじとせりのサラダ

鯛の塩焼き

豚ひき肉炒めと
塩もみきゅうりのまぜごはん

44

味卵の漬け汁は「一年モノ」。

岩本唯史（34歳・建築家）

弁当作りのきっかけは、自分より出勤が早い妻の負担を減らしてあげたかったからなんです。最初は妻が作ったおかずを弁当箱に詰める程度のサポートでしたが、やがておかず作りのおもしろさにも目覚めてしまいました。

もともと料理は嫌いじゃないほうですね。ドイツ留学時代、いろんな国の人とシェアハウスで共同生活を送っていたんですが、そこでは自国料理を持ち回りでふるまうというイベントが定期的に開かれていたんです。ここで日本代表として恥ずかしくないよう、日々、腕を磨いたのも役に立っています。でもドイツでは日本の食材がなかなか手に入らないんですよ。知恵と工夫で乗りきるしかないと覚悟を決め、韓国食材で代用してだしをとったり、スモークサーモンですしを握ったりしたのは、いい思い出です。

おかずは前夜の主力メニューがお弁当の一角を占拠します。味卵とちくわは準レギュラー。味卵の漬け汁は毎日火を通し、時折調味料をつぎ足しながら、かれこれ一年近く使い続けています。

趣向を変えたい日は焼きうどんやカレー、トムヤムクン。トムヤムクン弁当は妻からのリクエスト頻度が高いメニューのひとつです。

弁当作りに義務感はないですね。作業を効率化するためのおかずシステム構築には仕事とは異なる集中力を動員するので、これがとてもいい気分転換になるんです。

でも、自分のためだけでなく妻が喜んでくれるからこそ作りがいがあります。僕にとって建築も弁当作りも、誰かを喜ばせたいってところはおんなじ、ですからね。

いわもと・ただし／夫婦とも多忙のため買い物は生協の宅配を利用。弁当作りをはじめてから物価に敏感になった。愛用の調理用具は、柳宗理の鉄フライパン。

味卵

材料

卵……3個
昆布……適量
水、醤油、みりん……各1カップ
砂糖……少々
赤唐辛子……1本（種を抜く）

作り方

1　卵を水（分量外）から12分間ゆで、流水でよく冷やして殻をむく。
2　鍋に水と昆布を入れ、約10分弱火にかける。
3　醤油、砂糖、みりん、赤唐辛子を入れ、煮立ったら火を止める。
4　昆布と赤唐辛子を取り出し、冷ましておく。
5　容器に粗熱がとれた漬け汁とゆで卵を入れ、冷蔵庫でひと晩ねかせる。

＊味卵は汁に浸かった状態で冷蔵庫で保存し、できるだけ毎日火を入れること。煮汁が少なくなってきたら、好みで水や調味料を適宜加えて調整する。

大根の煮物
蓮根のきんぴら
手結びこんにゃく
ミニトマト
ちくわの
きゅうり詰め
つるむらさきの
おひたし
鶏肉の照り焼き
味卵
ゆかり
ごはん

45

小さな空間に世界を作る楽しみ。

根本和子（48歳・カフェ店主）

家のごはんは手ぬきなんですけど、お菓子とお弁当作りは大好きなんです。お弁当は、小さな空間にそのときどきで世界を作っていく箱庭的な楽しさがありますよね。これが今日の世界、明日は明日の世界って。だからでしょうか、もう20年以上作っていますが、前の晩のおかずを入れたことは一度もありません。

カフェをしているので、自分用には仕事の合間に口に放りこめるひと口サイズが基本で、おむすびかおいなりさんが多い。今日は春に漬けた桜の塩漬けをのせた塩むすび。お昼にふたを開ける頃には桜の香りが全体に行き渡って、しあわせな気持ちになります。

和風ハンバーグはまとめて作って焼いてから冷凍しておいたもので、生春巻きはひと口で食べられるサラダとして。皮は、直径が同じフライパン

おいなりさんの日

- おいなりさん
- のり巻き（桜でんぶ、きゅうり）
- さつまいもの砂糖煮
- だし巻き卵
- 枝豆

ねもと・かずこ／茨城・水戸の自宅ガレージで『ieカフェ』を経営。1男2女の母。ごはんは『ハリオ』のガラスのふた付き釜でガスで炊く。中が見えて楽しい。

お手製クリームパン

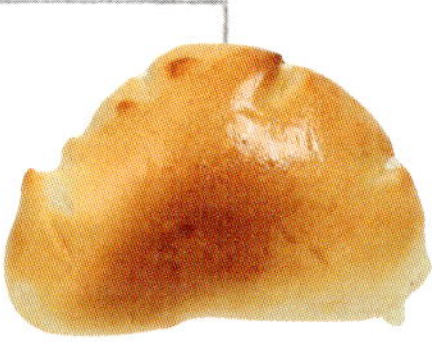

これは便利！

合羽橋『ユニオン』オリジナルの銅製の小鍋。本来はチャイ用らしいけれど、湯きりができお弁当用の少量の野菜をゆでるのにぴったり。

でお湯を沸かし、そこに入れれば簡単にきれいに戻ります。

じつは最近は、18歳の息子と15歳の娘のお弁当作りがメインになってきて、自分のぶんはその残りということも多くなってきました。育ち盛りだからボリュームたっぷり。おかずの種類もなるべく多くしたいので、ごはん釜を火にかけ、同時進行でてきぱきとおかずを仕上げていきます。

献立はあらかじめ1週間ぶんを考え、買い物もまとめてすませているので、朝に悩むこともありません。盛りつけをほめてくれる人もいるんですが、当の子どもたちはさして興味がないようで（笑）、半分は自己満足ですね。お弁当を作ることで、私のほうが楽しませてもらっているんです。でも、だからこそ続くし、お弁当はきっと私の遊び場なんでしょうね。

桜むすびの日

卵焼き

和風ハンバーグ（人参、いんげん、長ねぎ、チーズ）

生春巻き（レタス、サラミ、人参、きゅうり）

桜むすび

スイートチリソース

ヴィクトリアケーキ

だしは冷凍保存

左の製氷皿は、ひと仕切りが一回ぶんにちょうどいい量で重宝。

兄妹弁当
五目ごはんの日

上がお兄ちゃん、下が次女のお弁当です。五目ごはんは炊きたてごはんに「すし太郎」を混ぜただけ。錦糸卵を焼いて、娘は茶巾にしてゆでた三つ葉で巻き、お兄ちゃんはあまり可愛らしくすると嫌がるので、そのまま散らしました。黒豆、漬け物、巾着煮の具はスーパーのお惣菜で、できあいを上手に使うのも続けるこつ。

五目ごはん

錦糸卵

三つ葉

黒豆

漬け物

巾着煮（うずら卵、ひじき煮、豆腐）

グリルチキンのケチャップソースがらめ

巾着煮

材料（6個分）

油あげ……3枚（油ぬきをする）
うずらのゆで卵（レトルト）……6個
ひじき煮（市販）……70g
豆腐……½丁（よく水をきる）
A ┌だし……75mℓ
　 │砂糖、醤油……各小さじ2
　 └酒、みりん……各小さじ1

作り方

1　ボウルで、汁気をきったひじき煮と豆腐をよく和える。
2　油あげを半分に切って1を詰め、真ん中にうずらのゆで卵を入れ、爪楊枝でとめる。
3　Aを鍋に合わせて2を並べ入れ、煮汁が少なくなるまで煮ふくめる。ひと晩おいて味をなじませる。

兄妹弁当
ベーコンのりむすびの日

同じ年頃の息子を持つお母さんに習ったベーコンのりむすび。ベーコンは焼きあがりにめんつゆでジュッと味をつけるので、その味がおむすびにしみておいしい。シュウマイは、豚ひき肉とみじんの生姜、玉ねぎに味をつけて丸め、細長く切った皮の上で転がして蒸しました。皮に包むひと手間がはぶける、おすすめのやり方。

- ベーコンのりむすび
- 塩昆布むすび
- シュウマイ
- かぼちゃの煮物
- だし巻き卵
- 枝豆

シュウマイの皮は細長く切って、具にまぶすようにつけると簡単で、見た目も少し華やかになる。

あずきを模した飾り付きのピックは業務用の食品包装専門店で購入。なんでもないものも、串にさして飾れば「おっ」と思わせる一品に。

46

ごはんがおいしいモリモリおかず。

市川今日子（40歳・医療事務）

築地の市場で仲買をしている夫の昼用のお弁当です。

早朝暗いうちに家を出て昼には戻るので、朝食用のお弁当だけ持たせ、昼用は作って食卓においていくんです。

朝食用には前の晩に用意したサンドイッチ。6枚切りのぶ厚いパンに、ハム、オムレツ、ツナ、スパムのどれかをぱんぱんに詰めたスタイルは5年間変わらず。

私たちは夫婦そろって大食いなので、おかずはごはんがたくさん食べられることが第一条件。夫はじつは肉好きですが、いか大根も好物だし、今日はかなり喜ぶラインナップです。場内で自分が食べたい魚を買ってきたりもするので、それがメインになる日も多い。鮭なんか、切り身でも厚みがあって、やっぱりモノが違うという気がします。

塩麹はお気に入りのものを見つけたばかりなんです。それで2日間漬ければ、まるで西京漬けのようにおいしくなる。塩麹は焦げやすいから、いつもはもっとコゲコゲなんですが、今日は少しだけ気をつかって焼いてみました(笑)。

常備菜的なものは作りませんが、やはり築地で買える、とろろ昆布や桜えびなど12品目も入ったふりかけと、熊本産の南関あげはいつもあるかも。南関あげは、ふたりで旅行した福岡の寿司屋のおいなりさんに使われていたのがむちゃくちゃおいしくて、以来まとめて熊本から取り寄せるようになりました。食感がなんともいえない感じなんです。

食べて飲んで旅しては夫婦共通の趣味。夫は死ぬまでにマチュピチュに行きたいと言ってますが、長期休暇がとれない築地にいる限りは、難しいでしょうね。

いちかわ・きょうこ／心療内科に勤務。夫の昼用弁当を作るのは週3回の遅番の時。夫婦の旅行の主導権は妻にあり、行き先は大概おいしいもののあるところ。

友だちにもらって以来はまっている山形『羽前糀屋　酢屋吉正』の塩麹。少し甘めで鶏肉にもよく合う。

築地場外『しらす家』の「12品目梅ちりめん」。時々カリッとくる梅、昆布のねちっと感でくせになる味。

子どもの頃の折り紙を思い出し、キッチンペーパーで作った小箱をおかず入れにしている。

ごはん

鮭の塩麹焼き

ふりかけ

南関あげとひじきの煮物
（人参、いんげん）

牡蠣とベーコンと
赤パプリカの塩炒め

イカと大根の煮物

柿と春菊の白和え

卵焼き

おすすめ

南関あげは熊本県南関町に昔から伝わる食材で、あげ豆腐の一種。常温で約３か月保存可。寿司屋の大将に「油ぬきをしっかりするのがこつ」と教わり、お米のとぎ汁の中でひと煮立ちさせて油を落とし、さらによくもみ洗いしている。

47

真夜中に家でひろげるお弁当。

吉田瑠実（33歳・食堂、喫茶店主）

吉祥寺のはずれで喫茶店兼食堂をやっています。ひとりで本や漫画を読みながら食事ができる店を自分自身が欲していたので、そういう店です。

昭和の文化、しかも大衆文化が好きだから、メニューは昔の母ちゃんが作っていたようなふつうの家庭料理。焼き魚にひじきみたいな定食がメインで、ハウスバーモントカレーも出せば、夏はマルちゃんの冷やし中華も定番です。

昼の12時から夜の12時までの営業なので、もはや店がわが家のようなもの。お弁当は手があいた時に厨房で作って、閉店後に持ち帰って家で食べるためのものなんです。

基本、店のものは食べません。さんざん作って飽きているし、自分はヘルシーな定食より、ソース味とかケチャップ味とかのジャンキーでヘンなものを食べたいんです。

私の料理のベースとなるもの、それは「よしだれ」（吉田＋たれ）です。醤油、酒、みりん等を合わせた甘辛じょっぱい万能たれで、今日の生姜焼きや味噌煮にも使っています。配合の分量は教えられませんよ。「等」の中身同様に企業秘密ですから（笑）。

私の母は救いようのないほど料理が下手で、おいしいものを食べたければ自分で作るしかなかったんですよ。小3から自分でお弁当を作っていました。ただ、母の、すんごいしょっぱい梅入りのおむすびだけは、時々無性に食べたくなる。母ちゃんの名前から「ヨーコのおむすび」と私は呼んでますが、思えば、おむすびも異常に大きかったからバランスはとれていたのかも。そして、おむすびには黄色いたくあんと魚肉ソーセージ。それが私の黄金トリオです。

よしだ・るみ／フレンチやイタリアンの料理人を経て『カフェ長男堂』を開店。子どもとイケイケ大学生お断り。近所の商店仲間と「猫屋横丁」なるイベントも開催。

ヨーコのおむすび弁当の日

- 梅干し入りのりむすび
- たくあん
- 魚肉ソーセージ

ちくわのりチーズ巻き

プチトマトとクリームチーズのしそ巻き

ソーセージナポリタン（カイワレ菜）

豚肉の生姜焼き

さば味噌煮（ごま）

ごはん

きのこのスープ

豆腐のサラダ（ツナ、赤パプリカ、水菜、サニーレタス）

ラップで包み、ゴムでしばっただけのたれ巾着。使う時は爪楊枝で刺して放出させる。

たれ

48

ちくわ・イズ・”キングオブ食材“。

渋谷智子（30歳・雑貨店経営）

以前、撮りためていたお弁当写真を改めて見直したら、まー、ちくわともやしが主役を張る日の多いこと！ どれだけ好きなのって呆れて夫と「地味だねえ、ビンボ臭いねえ！」って笑っちゃいました。ちくわはソース炒めにすることが多いです。乱切りにしたちくわを油で炒めて、やや焦げ目がついたところでソースをからめるだけ。青のりをふってもおいしい。このおかず、自分で考案したつもりが、じつは母が作っていたことを最近思い出しました。無意識のうちに「わが家の味」を再現してたんですね。私なりのアレンジ、発展形がナンプラー味。ごま油で炒めてナンプラーをまわしかけ、ふたをして鍋をふりながらからめます。ミルでガリガリ挽いた黒こしょうをかければできあがり。ソース味に飽きた日、ちくわ

ちょっとゴーカな日

- きのこの洋風卵焼き
- 薬味ミックスの豚バラ巻き
- 水菜と油あげの梅酢和え
- 昆布の佃煮
- 梅味噌
- ごはん

しぶや・のりこ／ヨーロッパの古雑貨やハンドクラフトを扱う『rytas』オーナー。お弁当バンドとして愛用している織りひもは、ラトビア共和国の民芸品。

常備菜の薬味ミックス。ごはんに混ぜて塩をふるだけでおいしい。

切っても伸びてくる豆苗は家計の友。約２週間ごとに収穫可能。

の消費期限に焦った時にはこれで乗りきります。

食費は夫婦で2万円まで、と決めていたことから、自然とお弁当生活がはじまったのですが、当初は時間も手間もお金もかかって毎月赤字。いまは予算内です。とくに、ちくわともやしは夫いわく「キングオブコストパフォーマンス」の食材だそうで、もやしのナムルは常備菜。ボウルにごま油、白だし、鶏ガラ粉末、一味唐辛子を混ぜておき、ゆでて湯切りしたもやしと和えるだけ。ちくわともやしに家計も健康も支えられています。

夜遅くまで店番なので、お弁当は昼と夜のぶん、同じ中身のものをふたつ持参。土日は夫がお弁当を作り、自転車で店まで届けてくれます。おかずがどかどかのった、どんぶり系ですが、ありがたく、おいしくいただいています。

ちくわのソース炒め

もやしのナムル

蓮根の甘辛炒め

薬味ミックス和えごはん（みょうが、生姜、青じそ、カイワレ菜）

園児の母親たちが手作りするお弁当包み。月1回開催される園のバザーで購入したもの。色や刺しゅうが素敵。

49

冷めてもおいしい思い出の揚げ物。

木村十代香（39歳・幼稚園勤務）

シュタイナー教育の幼稚園に通いはじめて1年。毎日、決まった時間に子どもたちと揃ってお弁当を食べます。蝋燭を灯してお祈りをして、ああ、食事をする時間だなと体で感じるようになりました。

子どもたちの献立のバランスがいいので、こちらも自然と影響を受けるようになりましたが、それ以上に母が作ってくれていたお弁当の記憶が大きい気がします。いまも好きでよく作るのが、〝ハムチー〟。スライスチーズを折り畳んでハムで巻いて揚げたものですが、母と私の間で勝手にそう呼んでいて。小さくて衣をつけにくいのでひとつずつ爪楊枝でとめて、あらかじめ粉と卵を混ぜた液にくぐらせると、パン粉までスムーズにつけられます。

もうひとつ、ソーセージのしそ巻きも母の味。春巻きの皮で包んで揚げるのですが、今日はワンタンの皮を使いました。どちらも冷めてもおいしいし、さりげないひと手間がうれしかったことをおぼえています。箸休め的に、野菜のごま和え、乾物の煮物など、バランスよく詰めるのも母譲りでしょうか。炊き込みごはんは、白だし、塩、お酒を入れてふつうに炊いて、蒸らす時に、硬めにゆでておいたそら豆と乾燥の桜えびを加えます。そら豆のかわりに、しめじなどのきのこ類を使ってもおいしいんですよ。

「お弁当に合う味」ってありますよね。〝ハムチー〟が夕食に並んでもいまいち盛りあがりませんが、お弁当に入っているとひそかに「わっ」となるんです。子どもたちとの穏やかなお弁当の時間に、5年前に亡くなった母を感じて、おいしさを噛みしめています。

母の味

ハムチー

材料（6個分）

スライスハム……6枚
スライスチーズ……2枚
卵……1個
薄力粉……大さじ2
パン粉……大さじ3
サラダ油……適量

作り方

1　ボウルで卵を溶き、粉を加えて、とろりと混ぜ合わせておく。
2　スライスチーズは1枚を3等分してそれぞれを折り畳み、小さなブロック状にする。
3　2をスライスハムの中心にのせて包むように巻き、爪楊枝でとめる。
4　3を1にくぐらせ、パン粉をつけて、180℃に熱したサラダ油で2分ほど揚げる。

きむら・とよか／東京・三鷹のシュタイナー幼稚園「ヴァルドルフキンダーガルテン なのはな園」に保育助手として勤務。子どもたちのおやつ作りも担当する。

小さなすり鉢でごまをすって、調味料とゆで野菜を直接加える。お弁当のごま和えはこれひとつで簡単。

ソーセージのしそ巻き揚げ
ハムチー（ハムとスライスチーズの揚げ物）
そら豆と桜えびの炊き込みごはん
スナップえんどうのごま和え
ひじき煮（蓮根、人参、大豆、干し椎茸）

いちご

50

お弁当は猫ごはんとリンク。

飯田大介（36歳・自営）

パートナーが鹿児島出身なので、作る料理にもその影響が濃いですね。豚の角煮、麦味噌をはじめ、鹿児島の食材や郷土料理はおいしいものが多い。麦味噌はかなり甘めなんですが、これで作る肉味噌はたまりません。

向こうでは肉味噌は常備菜だそうですが、わが家でももはや欠かせないもの。なすの味噌炒め、焼き飯の味つけやコロッケの具と、お弁当のおかずにも大活躍しています。ディップにもなるし、パンに塗ってもいけますよ。作る時間があまりない時は、ごはんかパンと生野菜、肉味噌があれば十分満足できますね。

南九州産のらっきょうも常備菜で、出回る季節になると大量に塩漬けしています。若いうちでも古漬けでもおいしいですが、1年漬けた貴重なものになると、やはり大事に大事に食べています（笑）。

無類の米好きなので、家庭用精米機で玄米を三分づきにしています。精米したてのごはんは一度味わうともう戻れない。おにぎりにしただけで立派なごちそうですからね。

じつはいま、うちには20匹の猫がいるのですが、市販のキャットフードではなく、人間の食事と同品質の食材を使った手作りごはんをあげています。だから自然と弁当メニューがかぶってしまう。今日のおかずならヘチマとオクラ、卵が共通の食材でしょうか。

猫の手作りごはんをはじめる前は、さほど食にこだわりがないほうでした。でもアレルギー持ちの猫の体質を改善するために無農薬や地場の野菜を選ぶうちに、僕自身も野菜のおいしさに気づいて。猫ごはんにつられて食生活の質がぐんと上がりましたね。

いいだ・だいすけ／捨て猫やシェルターなどから引き取った猫、現在20匹と暮らす。さつまあげやかるかんなど甘めの味つけの鹿児島の食文化が大好き。

＼オールラウンダー／

肉味噌の作り方

材料（200mℓ容器分くらい）

豚肉（ひき肉やコマ切れなどの安い肉を細かくしたものでOK）……100g
味噌（ここでは麦味噌を使用。好みのものでOK）……50g
酒……大さじ1
砂糖……大さじ1（好みで加減）
にんにく……1かけ（みじん切り）
生姜……親指大（みじん切り）
ねぎ、にら、にんにくの葉……各適宜（みじん切り）

作り方

1　少量の油（分量外）をひき、にんにくと生姜を弱火で炒める。
2　香りが立ったら豚肉を入れて強火で炒める。
3　色が変わったら、ねぎやにらなどの具材、味噌と酒を加え、中火にしてよく炒める。砂糖を足して好みの甘さに調節する。
4　仕上げにごま、その他のいろいろを好みで混ぜて完成！
＊ゆず、バジル、桜えび、八角などのスパイス類を入れてもうまい。冷蔵庫なら1週間ほど保存可能。トッピングに調味料にディップに、大活躍してくれる常備菜です。

ゆでたオクラ
豚の角煮
味卵
ヘチマの味噌炒め（かつおぶし）
塩らっきょう（ごま）
肉味噌ごはんのおにぎり

同じ日の猫ごはん

生卵の黄身
ヘチマ
オクラ
ブルーベリー
生ラム肉

51

うずら卵で作る可愛い目玉焼き。

イ・ヨンイ（29歳・イラストレーター）

辛いものがあまり好きではないんです。韓国人のくせにおかしいでしょう？

にんにくと唐辛子、どちらかだけならいいけれど合わさるとダメ。チゲも苦手。なるべく素材に近いシンプルな味が好きなんです。

今日のお弁当も、辛いといえばキムチと青唐辛子の漬け物、チャンアチぐらい。チャンアチは、醤油と水と酢と砂糖を2：2：1：1で煮立てた汁を生の青唐辛子にかけ、そのまま漬けておいたもので、牛肉の角煮同様、常備菜です。

輪切りにしただけのパプリカは彩りにいいので、よく持っていきます。生で食べる時は小さめを選ぶと、さくさくしてておいしい。うずら卵の目玉焼きとビスケットサイズのチヂミは、高校時代の友だちのお弁当に入っているのを見て、それ以来真似している

- 生パプリカ
- 玉ねぎリング入りうずら卵の目玉焼き
- にらのミニチヂミ
- 牛肉の角煮
- チャンアチ

い・よんい／ソウル在住。日本が大好きで、日本語も独学で習得した。これは同居している弟のお弁当で、自分用には同じ内容を少なめの量で作っている。

にらのミニチヂミ

材料

にら……好みの量
(使用しているのは通常より細めのにら。柔らかくてやさしい味)
卵……２個
牛乳……大さじ３〜４
塩……少々

作り方

1　にらはざくざくと切る。
2　卵は少し粗めに溶いて、牛乳と塩を加える。
3　卵焼き器か小さめのフライパンに２の半量を入れて火を通し、少し固まったらにらをのせ、残りの卵を全体にかけ、裏返してさらに焼く（溶き卵に、いっきににらを混ぜて焼いてもいい）。
4　一口大に切る。

おかずなんです。初めて見た時は、「なんてプリティなんだろう！」とカルチャーショックをおぼえました。目玉焼きを玉ねぎリングの中で焼くアイディアは、アメリカ留学中にハンバーガー屋の店先で目撃。うずら卵と組み合わせたら、目玉焼きがお弁当の可愛いおかずになりました。

できあいの惣菜は買わないのですが、小蟹の炒め物だけは別です。幼い頃、母がよく作ってくれた料理で、私も作りたいのですが、最近は新鮮な小蟹が市場で手に入りにくくなってしまったんです。

フードアーティストのような仕事もしていて、お菓子を焼くのも大好きなんです。お菓子には卵の白身だけ使うから、余った黄身で黄身そぼろを作っておくのも習慣。味はつけず、ごはんの彩りによく使っています。

小蟹の
コチュジャン炒め

黄身そぼろ

雑穀玄米ごはん

からし菜のキムチ

セロリのピクルス
（パプリカ、人参）

52

キムパプは特別な日のお弁当。

ソン・スジョン（26歳・主婦）

　キムパプは韓国ののり巻きで、残り物のおかずを気軽に巻いて日常的に作る人もいるようですが、私にとっては遠足や運動会など、特別な日のお弁当というイメージです。

　ごはんは硬めに炊いて塩とごまとごま油をひと混ぜ。最後にのりにもごま油を塗るので、ごま油の風味は味の大切なポイントになりますね。私のうちは幸いにも田舎の祖母がごまを畑で育て、搾りたてを送ってくれるので助かっています。市販品とはくらべものにならない、すごくいい香りが立つんですよ。

　卵焼き、たくあん、ほうれん草、人参、ハムなどは基本の具で、ヤンニョムだれに漬けて炒めた牛肉を入れるのは私の母流です。ヤンニョムは韓国の合わせ調味料で、この配合がその家庭の味を決めるといっても大げさではありません。私の母は、その甘味をお手製の梅エキスでつけるんですが、梅エキスには肉を柔らかくする作用もあるんです。牛肉は、巻きやすいように細切りにしますが、塊をお肉屋さんで挽いてもらっても弾力が出ておいしいですよ。

　人参は千切りにして塩炒め、ほうれん草はゆでて塩とごま油でナムルにし、と手がかかる料理ですが、苦ではありません。キムパプの日は、子どもにはお母さんが切り落とすはしっこをつまみ食いする楽しみがあるのですが、今朝の夫は私から離れず、まさにその子どもでした（笑）。

　結婚前はレストランの厨房で働いていたのですが、それも人のしあわせな顔を見たくてのこと。いまは夫のためにだけ作っていますが、あんなに喜んだ顔を見ると、また作ってあげたくなりますね。

そん・すじょん／ソウル在住。結婚でシェフの仕事を一時休業。映像カメラマンで生活が不規則な夫の時間割に合わせて食事を準備し、必ず一緒に食べている。

キムパプの牛肉ヤンニョム

材料（キムパプ2～3本分）

細切りにした牛肉……100g
醤油……大さじ1
砂糖……大さじ2/3
はちみつ（梅エキスの代用に）……小さじ1
にんにく（みじん切り）、ごま油、こしょう……各少々

作り方

牛肉にその他の材料をもみ込み、20分ほど漬けてから中火で炒める。
＊甘めの味つけが母のヤンニョムの特徴。炒める時に焦げやすいので強火は避けて。はちみつは別にして、仕上げ直前にまわしかけてもいいでしょう。

ナツメトマト

きゅうり

サムジャン(ねぎ)

キムチ

みかん

パセリ

野菜に添えたサムジャンは甘辛い味噌だれで、味噌に梅エキス、酢、にんにく、ごまを混ぜた自家製。

キムパプ
(牛肉、かにかま、卵焼き、たくあん、ほうれん草、人参、ハム)

翌日に硬くなったキムパプは溶き卵をつけて焼けば、また香ばしく。

夫の好物は干しだらと豆もやしのスープ。二日酔いにも一発で効く。

ごま油用のハケ付き保存容器。のりにごま油を塗る時にも便利。

みんなのお弁当広場

お弁当上級生ならではのアイディアを、さらに集めてみました。おすすめレシピや道具情報も明日からのお弁当生活をもっと豊かに。

一週間の献立を冷蔵庫に。

金田史子（29歳・主婦）

かねだ・ふみこ／夫婦で食い倒れの旅をすることが多く、旅先では必ず地元産の味噌と醤油を買ってくる。お弁当箱は夫からの贈り物。

私のアイディア

Ａ４の紙に一週間ぶんの夕食の献立を書き出し、そこからお弁当の献立も同時に組み立てておくのが習慣です。食材を上手に使いきりたいし、書き出すとラクになります。海藻好きなので切り昆布の炒め煮が常備菜。ナムルはおひたしに飽きた頃に。お弁当の友は、乾燥黒豆を皮がはぜるまでレンジにかけた黒豆茶。飲む時にお湯を注ぎ、残った黒豆は食べてしまうんです。味噌に粉末だしを練り込んだ味噌玉持参で、味噌汁にする日もあります。

黒豆茶や味噌汁（桜えび、ねぎ）はごはんの携帯用保温容器で飲む。

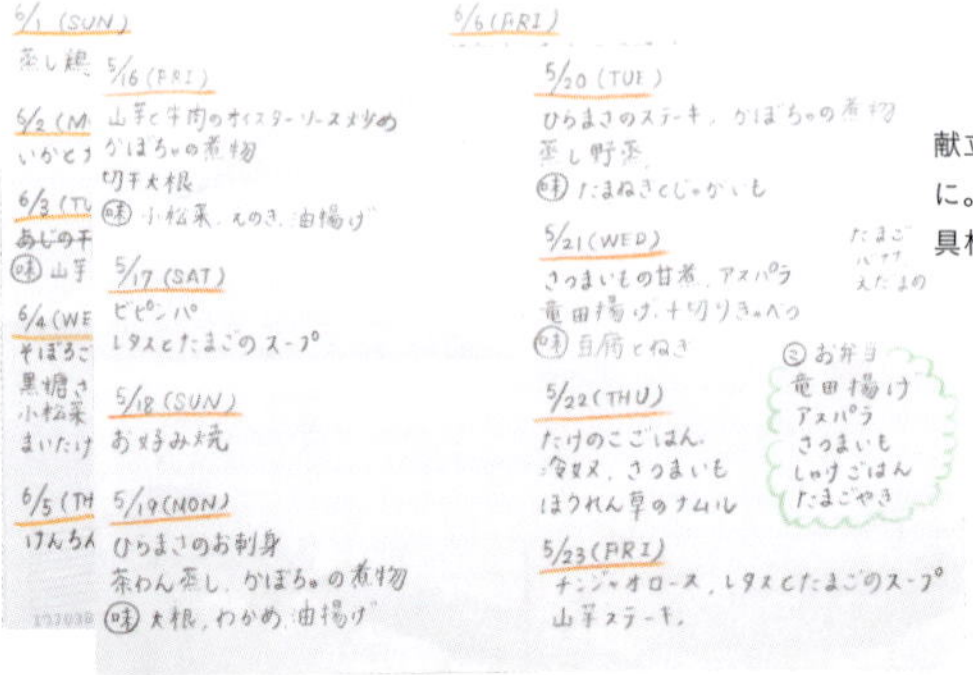

献立予定表は冷蔵庫側面の定位置に。味噌汁には㊙マークをつけて、具材の組み合わせを書いておく。

水分対策になる和え衣。

辻 望（26歳・管理栄養士）

つじ・のぞみ／茨城・水戸の病院に勤務。食品の品目数とカロリーには気を配りつつ、おかずの味がしみたのり弁当がいちばんの好物。

私のアイディア

7時半に起きて8時には家を出る生活なので、凝ったものは作りません。作りおきとゆうべのおかず。朝は卵を焼いて和え物を作るぐらい。よくやるのが故郷の福井のおぼろ昆布和えで、ゆで野菜の余分な水分をとってくれるのでお弁当には重宝するんです。この日はいんげんとえのき茸と和えて、栄養のことを考えてごまをふりました。前夜の鍋の残りの白菜にポン酢をかけ、汁気を絞っておぼろ昆布で巻いたものも、立派なおかずになりますよ。

淡々とした毎日の食を描いた漫画『きのう何食べた？』が好き。その中で見つけた「ひじきと野菜のトマト煮」は定番の常備菜に。

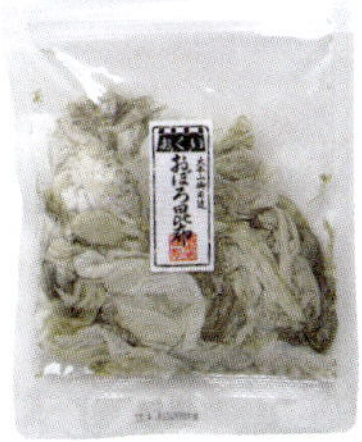

福井から届く『奥井海生堂』のおぼろ昆布（左）と、味付たら。たらはごはんにのせるだけでもおいしく、昆布と同じく和え物にも。

私のアイディア

ソースを入れる場所がこつ。

山崎幸江（58歳・農業）

やまざき・ゆきえ／栃木・益子で里山の恵みを生かした循環型農業を実践する「山崎観光農園」を営む。HPで野菜宅配の注文も受けている。

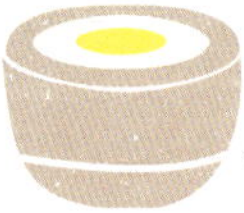

これは大学生の末娘のお弁当です。スコッチエッグの卵とひき肉は地鶏の養鶏家さんと物々交換。揚げずに焼いて、ソースは上からかけずに卵の底から3分の1くらいのところを横に切ってはさんでいます。お弁当箱を大きく揺らしても安心だし、食べる頃には肉と卵の間にソースがしみてちょうどいいんです。

長男の誕生をきっかけに農薬を使わない循環型農業に移行した。出荷しなかったきゅうりを塩漬けにするなど常備菜は自家産・自家製。

夏のお弁当の保冷対策それぞれ。

ひと口サイズのフルーツゼリーを凍らせて、保冷剤がわりに持っていきます。お昼には溶けて食べ頃に（荒木さん）。夏のお弁当に欠かせない保冷剤を包む、小さな布袋を手作り。見た目に楽しくお弁当は涼しく（百瀬さん）。

冷凍ゼリーを
保冷剤がわりに。
荒木結花（P46）

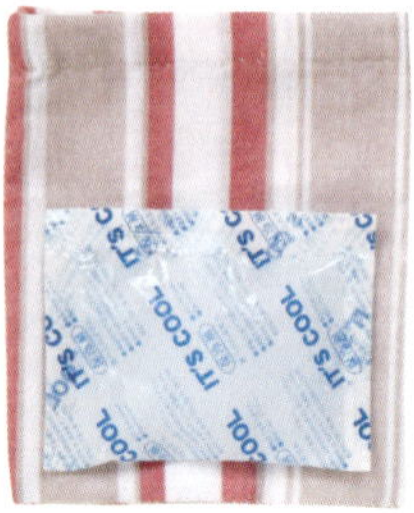

保冷剤を
入れる布袋を手作り。
百瀬晶子（P68）

私のレシピ

ベテラン母さんの40年レシピ。

藤田 絹（63歳・主婦）

ふじた・きぬ／主婦業に加え、「キヌ リース ファクトリー」の名前で草花のリースやブーケを受注制作。パワフルに活動している。

お弁当作りは40年。いまは毎朝５時半に起きて夫のお弁当を作っています。この日は鶏肉を焼き、残った脂で野菜も炒めています。野菜は三温糖と酒と醤油、だしで味つけ。副菜になる佃煮などの常備菜はつねにたっぷり仕込んでありますが、中でも彩りのいいピクルスはお弁当に重宝。ふつうの洋風と白だし醤油に漬けた和風の２種をいっぺんに作ります。

夫が食べられない場合に同僚の方に容器ごと差しあげられるよう、竹皮のお弁当箱を使用。

ピクルス

材料

人参……２本
かぶ……5～6個
玉ねぎ（中）……3～4個
セロリの茎……１～２本分
大根……15cm
パプリカ（赤・黄）……各１個
ピーマン……４～５個
きゅうり……４～５本
塩……小さじ１

A
白こしょう粒……少々
ローズマリー……１枝
ローリエ……１枚
レモンの輪切り……１枚
唐辛子……１本
砂糖……小さじ１
米酢（もしくは白ワインビネガー）……500mℓ

白だし醤油……200mℓ

作り方

1　人参は1cm厚さのいちょう切り、かぶは４等分、玉ねぎは８等分のくし形切りにする。セロリと大根は大きめの短冊切りにする。パプリカ、ピーマン、きゅうりは乱切りにする。

2　きゅうり以外の野菜を大きめのボウルに入れて塩をふり、ボウルを上下に動かして全体になじませる。

3　ガラス瓶に２の半量を入れ、Aを順番に加えてふたをして、冷蔵庫で２～３時間冷やす。【洋風】

4　２の残り半量をボウルに移し、きゅうり、白だし醤油を加えて混ぜ合わせ、瓶に入れて冷蔵庫で２～３時間冷やす。【和風】

私のレシピ

前夜に仕込むひと皿料理。

小関祥子（32歳・イラストレーター）

こせき・しょうこ／高菜チャーハン、麻婆豆腐にキャベツ豚キムチもお弁当のレギュラーメニュー。妹に「そんなものも持っていくの？」と呆れられているが気にしない！

お弁当は前の晩に作ってハンカチに包んで冷蔵庫に。ごはんにのせて食べる系の「ひと皿料理」が定番です。よく作るのはタイの家庭料理、ガパオごはん。お店で食べた味をおぼえて再現、2度目のトライでその味に近づきました。冷やごはんが苦手で、職場のレンジで温められるこの手の料理が好都合なんです。マリネなど必ず別容器で野菜を添えます。

ガパオ（鶏肉のバジル炒め）

材料（2人分）

鶏もも肉……1枚
鶏むねひき肉……100g
パプリカ……½個
フレッシュバジル……ひとつかみ
にんにく……1かけ（みじん切り）
赤唐辛子
……2本(種を抜いてみじん切り)
ナンプラー……大さじ1½
オイスターソース……大さじ1
砂糖……大さじ½
油……適量

作り方

1　鶏もも肉から皮を外し、細かく刻む。
2　フライパンににんにくと油を熱し、1と鶏むねひき肉を炒める。
3　肉に火が通ったら、種をとりのぞいて5mm幅に切ったパプリカ、赤唐辛子を加える。
4　パプリカがしんなりしたら、ナンプラー、オイスターソース、砂糖で味をととのえる。
5　刻んだフレッシュバジルを加え、ざっと混ぜ合わせる。
＊ごはんに添えてめしあがれ。目玉焼きをのせてもおいしいです。
＊冷凍保存も可能。

『向田邦子の手料理』は野菜のおかず作りの参考書として活用。

豆乳で作る気まぐれキッシュ。

梅川 茜（30歳・グラフィックデザイナー、紙の箱作家）

うめかわ・あかね／デザイナーの仕事をしながら「AkaneBonBon」の名で箱作品づくりにいそしむ。自宅兼アトリエとして借りている家の庭では野菜も育てている。

私のレシピ

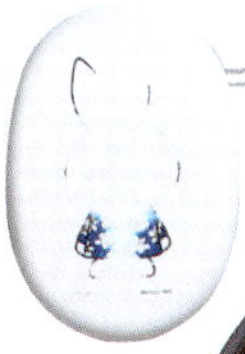

お弁当のおかずは蒸し野菜だけとか、たいてい1品。この日はこんにゃくと小松菜をのりと生姜と醤油で和えたものと玄米、以上(笑)。キッシュは気が向くと焼くんですが、粉と油を練った生地に、豆乳と卵と野菜を合わせた具を入れて焼くだけで、チーズも生クリームも使わないさっぱり味。キッシュというより、オムレツに皮がついたようなものなので、たまにおかずとして持っていくこともあります。

豆乳キッシュ

材料（直径22cmの型1個分）

〈生地〉

A
- 薄力粉……80g
- 全粒粉……40g
- 塩……小さじ½
- 砂糖……大さじ1

菜種油……大さじ2

豆乳……大さじ3

溶き卵……少量

作り方

1　ボウルにAを入れて泡立て器でさっくりと混ぜ、菜種油を加えて、さらに混ぜる。

2　全体がなじんだら、豆乳を加えて混ぜ、手でひとつにまとめる。ここまでの作業は手早くおこなう。

3　2を麺棒でのばし、油（分量外）を塗った型に敷き詰め、フォークでところどころ穴をあけて180℃のオーブンで10分焼く。溶き卵を刷毛で塗り、さらに5分焼く。

〈卵液〉

卵……3個

豆乳……150mℓ

塩……小さじ¾

〈具〉

玉ねぎ、パプリカ、ブロッコリーなど好みの野菜……適量（食べやすく切る）

作り方

1　ボウルに〈卵液〉の材料を入れてよく混ぜる。

2　生地に具の野菜を並べて1を流し込み、180℃のオーブンで30～40分焼く。

蒸し野菜を作る時に使うミニせいろ。使うほどに味わいが増す。

お弁当のおかず作りに便利な鉄の小さなフライパン。木べらは自作。

じゃこと松の実のふりかけ

大塚 真（P40）

お好みで、ごま、刻みのり、青じそ、七味唐辛子などを加えて炒めてもおいしいです。にんにくと一緒に炒めると、パスタの具にもなるんですよ。

材料（4人分）
松の実……20g
じゃこ……20g
ごま油……小さじ1

作り方
1　松の実は包丁で細かく刻む。
2　フライパンにごま油を入れ、1とじゃこを弱火で5分ほど炒める。じゃこの水分が飛んだらできあがり。
＊濃い味が好きな人は、火を止めてから醤油をひとたらししても。
＊写真は、完成後に細かくちぎったのりとごまを混ぜたもの。

切り干し大根のナムル

木村十代香（P118）

切り干し大根の歯ごたえとごま油の風味が、お弁当のごはんに合うんです。ごま油を多めにしてにんにくを加えて、夜の晩酌のおつまみにすることもあります。

材料（2人分）
切り干し大根……10g
人参……½本（細切り）
きゅうり……½本（細切り）
A 塩、こしょう、ごま油……各少々
A 白湯スープ（あれば）……小さじ1

作り方
1　切り干し大根は水で戻し、人参は塩（分量外）をふってもむ。
2　フライパンに1を入れ、1〜2分ほどから煎りして水分を飛ばし、ボウルに移して粗熱をとる。
3　2にきゅうりとAを加えて和える。

烏龍煮卵

渡邊乃月（P22）

作り方はとても簡単。醤油、酒、砂糖に烏龍茶の茶葉を加えた煮汁に、ゆで卵を加えて火にかけて、そのまま浸しておくだけ。冬は烏龍茶や紅茶、夏はジャスミンティーや緑茶でもおいしくできますよ。

材料
ゆで卵……10個
A 水……500mℓ
A 醤油……100mℓ
A 酒……50mℓ
A 砂糖……大さじ1
A 烏龍茶の茶葉……15g
A 八角、花椒……各少々
A 生姜……1かけ

作り方
1　ゆで卵を転がして殻にヒビを入れる。
2　鍋に、Aと1を入れて火にかける。沸騰したら落としぶたをして弱火で約1時間煮る。
3　火を止め、広がった茶葉を卵にかぶせ、ふたをして休ませる。
＊冷蔵庫で3日間保存可能。
＊茶缶の残り粉茶を数種ブレンドしても楽しい。

にらペースト

大藤留衣（P100）

東京・千駄木の食堂『檸檬の実』で教わったレシピがもとで、休日に仕込んでおくストックのひとつ。蒸し鶏や蒸し野菜にかけるだけで豪華なおかずになります。

材料

にら……1束
オリーブオイル……大さじ1
酢……小さじ3
はちみつ……小さじ3
パン……ひとかけら
塩……適量

作り方

1　にらはさっとゆで、4等分に切る。
2　1とオリーブオイル、酢、はちみつ、パンをミキサーにかける。
3　塩を入れ、味をみながら足りなければ酢、はちみつをさらに加える。
＊パンはつなぎなので冷凍したパンでも大丈夫。

山形のだし

黒田ひろみ（P64）

オクラと昆布の粘り気に青じそとみょうがが爽やか。温かいごはんにのせたり、豆腐やそうめんにのっけてもおいしい。長芋を足してみたり、納豆を混ぜたり、いろいろアレンジして楽しんでいます。

材料（2人分）

きゅうり……1本
なす……1本
オクラ……5本
みょうが……2個
青じそ……5枚
赤唐辛子……1本
昆布……10cmほど
A かつおだし……100mℓ
A 酢……大さじ2
A 砂糖……小さじ1
A 塩……小さじ1～2

すべての材料を細かく刻んでボウルに入れ、Aを加えて、冷蔵庫でひと晩おく。

チャングム和え

尾渡智佳（P12）

夏の定番の常備菜。「チャングム」と呼ばれている料理上手な叔母特製の和え物です。ぬか漬けは野菜ならなんでも。くるみとクコの実はチャングムならではの発明です。『フジッコ』の塩昆布を愛用。

材料（4人分）

ぬか漬けきゅうり……2本
みょうが……3個
生姜……20～40g（好みで）
カリカリ梅（ふつうの梅干しでも）……5個
青じそ……3～5枚
くるみ……5個
クコの実……10～15個
塩昆布……適量

作り方

1　きゅうりは1cm幅の輪切りにする。みょうがと生姜は千切り、梅、青じそ、くるみはみじん切りにする。
2　1と、クコの実、塩昆布を混ぜ合わせる。
＊ぬか漬けきゅうりのかわりに生オクラを使ってもおいしい。

木の柄杓でゆで卵をゆでると。

中川 圭 (31歳・木工職人)

なかがわ・けい／故郷長野にUターンして木工作家・井藤昌志さんの工房で修業中。お弁当を作り合う嫁さんは高校の同級生。２人ともお酒と音楽が大好き。

これは休日に嫁さんのために作るお弁当です。ぼく自身のは嫁さんが。ゆで卵を作る時に使う柄杓は、卵好きの彼女が松本のザルかご専門店『上原善平商店』で見つけてきたもの。嫁さんはほっとくと好物の卵ばかり食べてたりもするので、興味のない肉のかわりに豆を入れたり、ぼくが母鳥のように栄養管理もしています(笑)。今日のサンドイッチの具の塩もみ人参、通称「しおしお人参」は彼女作なので、これは２人の共同作品ともいえますね。

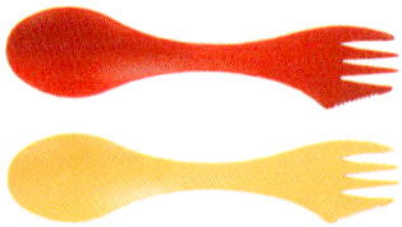

赤が嫁さん、黄色がぼく。フォークスプーンは色ちがいを使っています。

カラフル極小タッパーはソース＆ジャムに重宝。

カナヤ ミユキ (P36)

直径４～５㎝のタッパーウェアはソースやジャムを添えるのに便利。ふたがカラフルなのもお気に入りです。渋谷の『東急百貨店』の特設コーナーで購入したもので、いまは神奈川・中央林間のヴィンテージショップ『ガジェットモード』で追加しながら集めています。

干し仕事が楽しくなる。

田中 郁 (P78)

京都の『辻和金網』でこの干しかごを手に入れてから、乾物作りが一気に楽しくなりました。ステンレス製なので外に吊るしておいても錆びにくく、ふたがついているので安心。野菜も魚も干すことでうまみがアップするし、日持ちもよくなるので、いいことずくめです。

楽しい道具

顔を描いたら使うたびにうれしい。

小沢夏美（32歳・画家、カフェ店員）

おざわ・なつみ／休日はおむすびを持って川べりでピクニック。「スリッキーN」は太陽の塔のような形も気に入っている。いつか絵本を作るのが夢。

絵を描く仕事をしながら週に2〜3日勤務するベーカリーカフェにお弁当を持参します。この日のサンドイッチの具は、さつまいもとじゃがいもにパルメザンチーズを加えたポテトサラダ。ごはんの日のおかずは、ごますり器「スリッキーN」を使いたいがためにごま和えが定番です。ふたに顔を描いたらさらに可愛くなりました。顔好き（？）なのか、おむすびにも時々のりで顔を描いたりします。

お弁当箱サイズの短いお箸。

桑原玲子（P58）

以前勤めていた益子の『スターネット』で、自分が欲しくてお弁当用の短いお箸を商品として作りました。お弁当箱よりも箸が長いと、お弁当包みに包んだ時に端が飛び出ちゃいますよね。これは18cmと短いので持ち運びもスマートです。いまも取り扱っています。

指でつまんでいるようなトング。

根本和子（P108）

最近見つけたスグレモノは『レイエ』の「ゆびさきトング」。まるで本当に自分の指先でつまんでいるかのように繊細に動かせるので、煮豆とかの細かいものを詰める時はもちろん、ふかしたてのあつあつのじゃがいもの皮むきも面白いほどするすると できるんです。

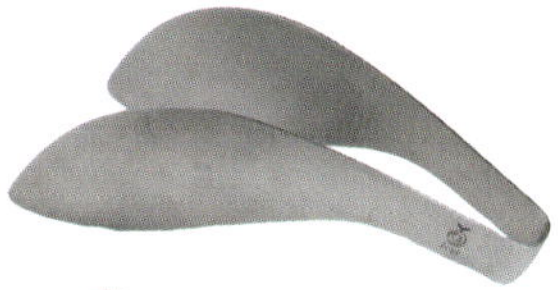

◐この本は、雑誌『クウネル』の連載「もっと知りたい　私たちのお弁当」（「エブリデイ・マイ弁当」から改題）の2009年1月1日号から2014年9月1日号までの記事および2012年1月1日号の韓国特集号から抜粋し、加筆・訂正のうえ、新たな取材を加えて再編集したものです。ご登場いただいたみなさんの氏名、年齢、職業については、一部の方をのぞいて、連載当時のままを掲載させていただきましたことを、ご了承ください。

◐紹介した道具等の商品は、すべてご本人の私物です。すでに現行販売されていないものに関しては、今後のもの選びの参考にしていただけますと幸いです。


◐あなたのお弁当も、見せていただけませんか？

『クウネル』では、お弁当作りを楽しんでいる方を随時募集しております。

自分のため、家族のため、あるいは大切な誰かのため。豪華で手の込んだものである必要はありません。あなたらしいお弁当を私たちに見せてください。

詳細はホームページに。http://magazineworld.jp/kunel/

取材・文 ――――― 片岡まりこ、中岡愛子、黒澤 彩、
熊谷直子、鈴木るみこ
写真 ――――― 石川美香、長野陽一（P122～125）
イラストレーション ――――― ワタナベケンイチ
アートディレクション ――――― 有山達也
デザイン ――――― 山本祐衣（アリヤマデザインストア）
校正 ――――― 北村さわ子、山根隆子、鈴木ルミ（c-enter）
企画・編集 ――――― 鈴木るみこ

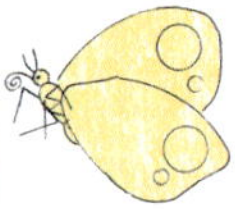

明日も 私たちのお弁当

2014年9月19日　第1刷

著者 ――――― クウネルお弁当隊
発行人 ――――― 石﨑 孟
発行所 ――――― 株式会社マガジンハウス
〒104-8003 東京都中央区銀座3-13-10
電話　受注センター／049-275-1811
電話　編集部／03-3545-7060
印刷所・製本所 ――――― 凸版印刷株式会社

ISBN978-4-8387-2695-0 C2077